When the Muses Visit

Cuando las musas visitan

When the Muses Visit

My Twenty Favourite John B. Lee Poems

An Annotated Selection

Cuando las musas visitan

Mis veinte poemas favoritos de John B. Lee

Una selección comentada

Miguel Ángel Olivé Iglesias, *MSc*
Associate Professor, Holguin University, Cuba
Author, Editor, Essayist, Poet, Writer, Translator

Profesor Auxiliar, Universidad de Holguín, Cuba
Autor, Editor, Ensayista, Poeta, Escritor, Traductor

CanLit in Translation

Wet Ink Books

First edition

Primera edición

Library and Archives Canada Cataloguing in Publication

Title: When the muses visit : my twenty favourite John B. Lee poems, an annotated selection / Miguel Ángel Olivé Iglesias, MSc, Associate Professor, Holguin University, Cuba, author, editor, essayist, poet, writer, translator = Cuando las musas visitan : mis veinte poemas favoritos de John B. Lee, una selección comentada / Miguel Ángel Olivé Iglesias, MSc, Profesor Auxiliar, Universidad de Holguín, Cuba, autor, editor, ensayista, poeta, escritor, traductor.
Other titles: Cuando las musas visitan
Names: Olivé Iglesias, Miguel Ángel, 1965- author, compiler, translator. |
Container of (work): Lee, John B., 1951- Poems. Selections (2024) |
Container of (expression): Lee, John B., 1951-
Poems. Selections (2024). Spanish.
Description: First edition = Primera edición. |
Series statement: CanLit in translation | Text in English and Spanish translation.
Identifiers: Canadiana 20240346734 | ISBN 9781998324033 (softcover)
Subjects: LCSH: Lee, John B., 1951-—Criticism and interpretation. |
CSH: Canadian poetry (English)—Ontario—20th century—Translations into Spanish. |
CSH: Canadian poetry (English)—Ontario—21st century—Translations into Spanish. |
CSH: Canadian poetry (English)—Ontario—20th century—History and criticism. |
CSH: Canadian poetry (English)—Ontario—21st century—History and criticism. |
LCGFT: Literary criticism. |
LCGFT: Poetry.
Classification: LCC PS8573.E348 Z75 2024 |
DDC C811/.54—dc23

Wet Ink Books
www.WetInkBooks.com
WetInkBooks@gmail.com

Título/Title: Cuando las musas visitan: Mis veinte poemas favoritos de John B. Lee. Una selección comentada / When the Muses Visit: My Twenty Favourite John B. Lee Poems. An Annotated Selection
Autor/Author: Miguel Ángel Olivé Iglesias
Editor: Jorge Alberto Pérez Hernández
Traductor/Translator: Miguel Ángel Olivé Iglesias
Diseño de las portadas/Cover Design: Richard M. Grove
Montaje y Diseño/Layout and Design: Richard M. Grove

Tipografía / Typeset in Garamond

Impreso y montado en Canadá / Printed and bound in Canada
Impreso y distribuido en USA por Ingram /
    Printed and Distributed in USA by Ingram
        — Para configurar una cuenta con Ingram — 1-800-937-0152
        — To set up an account with Ingram — 1-800-937-0152

Dedicated to / Dedicado a

Poetry, the wings of the sensitive soul /
La poesía, las alas del alma sensible

Poets, the sensitive souls who nourish our souls /
Los poetas, las almas sensibles que nutren nuestras almas

John, a poetry-filled sensitive soul /
John, alma sensible colmada de poesía

Table of Contents / Índice

Titles of Poems / Títulos de los poemas

Introduction

This selection represents <u>my</u> personal list of favourite published poems from the pen of John B. Lee. The poems herein are not organized in order of preference. Although John B. Lee surely has his own personal favourites, he has always said his favourite poem is the one he is about to write. With this thought in mind, I invite the reader on a journey in a shared reading of what I believe to be some of Lee's most remarkable poems. Lee honored my list by applying himself to the generous task of explicating each poem concerning how they came to life, and sharing his experience with me in the writing of those poems.

What began as a modest personal appreciation of Lee's poems evolved into something of a collaborative effort. Thank you, John B.

Introducción

Esta selección presenta <u>mi</u> lista personal de poemas publicados de John B. Lee que son mis favoritos. Los poemas incluidos aquí no están organizados en orden de preferencia. Aunque John B. Lee seguramente tiene su propia lista de favoritos, siempre ha expresado que su poema favorito es el que está aún por escribir. Con estas ideas en mente, invito al lector a una travesía de lectura compartida de los que creo son algunos de los poemas más excepcionales de Lee. Lee honró mi lista dedicándose a la generosa tarea de explicar cada poema en cuanto a cómo surgieron, y compartiendo su experiencia conmigo en la creación de esos poemas.

Lo que comenzó como una modesta apreciación de los poemas de Lee evolucionó hacia algo así como un esfuerzo colaborativo. Gracias, John B.

"I am grateful to have had the opportunity to write the poems that visit my desk and flow through my pen. I am simply a vessel, and I am thankful when the muses visit…"

John B. Lee

"Estoy agradecido por haber tenido la oportunidad de escribir los poemas que visitan mi escritorio y fluyen a través de mi pluma. Soy simplemente un vehículo, y agradezco cuando las musas me visitan…"

John B. Lee

Lee's Original Construct
and
my Ensuing Construal

Concepción inicial de Lee
y
mi interpretación de los poemas

JOHN EXPLAINS THE FIRST POEM, "How Beautiful We Are," in the following way:

"... the eponymous poem in the book of that title was written at a cottage I used to own. The tiny cottage sat right on the beach in the commercial fishing town of Port Dover. I used to sit at the table overlooking the beach and write. Sometimes the poem was entirely interior. On this particular day I was struck by how the sun, the sand, and the water love us all the same as I gazed upon the sun bathers, the families, the young people in bikinis and speedos flexing their muscles and enjoyed the Narcissism of their own (to them) obvious beauty and youth. As I considered the ideals of beauty in the dominant culture, I found myself rejecting the limitations of youth and hard body (or in the case of the young women, curvaceous) and I saw how we are beautiful in all our shapes and sizes, ages and forms from children to elders, from youth to old age.

My favourite image in the poem is the one where I wrote of the water rising up the thighs "like expensive stockings drawn on slow" that luxuriating natural caress of a wave struck me as a kind of confirmation of my conviction. God loves us all the same. Nature cherishes every life, every living thing. At the same time, the war at the edge of the sea, like the closing lines in Matthew Arnold's poem "Dover Beach" creates a kind of backlash against the potential of shallow sentimentality. We are loved and loving, yes, but at the same time we are cruel and unkind."

AIDED BY HIS COMMENTS, I was able to "decode" his thoughts and write down my understanding of the poem. The divine is obvious in "How Beautiful We Are," an elegy to beauty and truth, two essential pillars of poetry. We read an alert poet singing to life, voicing his dreams, his urges to cross dimensional frontiers and bond with nature. Two recurrent elements we perceive in this poem are *sky* and *water*, as Lee tells us in the previous quotation. Lee is drawn to a reality that unfolds before him, taking in both the actual physicality it narrates and the poetic elaborations deriving therefrom in the poet's mind.

The ending is objectively set in by the poet as a warning, a truth, yet we optimistically choose to be the ocean, the river. We choose to fly "when the sky looks down and sees how beautiful we are": there is beauty in our existence and "we believe in flying because we've been dreaming the dew," a treasured possession, that of dreaming. A believer in both God and the natural world that surrounds us, Lee writes:

How Beautiful We Are

I say to you
I want to be the water
the way the lake waves
love our bodies to the very heavening
even old men stand
their loud red shoulders
shining in the sun as if scrubbing away a difficulty
their bellies puckered
like gathered rubber
and women
with legs like thin ink
a wet bluing on white
and the trickling off of secret longing
like roses after the rain
if I watch
wet weather greening
a burned brown lawn
how then
the drought drowsed
Fuchsia lifts itself
like someone waking in the heat
some shy dancer
rising to take my hand
as we leap
beyond the window
we're that sad about

the gravity of clouds
but we believe in flying
because we've been dreaming
the dew
that clings to the filigree
of web and weed
I want to be
both tide pool
and the ocean
I want to be
the river rising
like expensive stockings
drawn on slow
as you walk deeper
and deeper
into love
I want to be
what happens
when the sky looks down
and sees
how beautiful we are
but there's war at the edge of the sea
where nothing is true
but dying

– 1 –

JOHN EXPLICA EL PRIMER POEMA, "Cuán hermosos somos", de la siguiente forma:

"... el poema epónimo en el libro con ese título lo escribí en una cabaña que yo tenía. La diminuta cabaña estaba en la playa en el pueblo comercial pesquero de Port Dover. Me sentaba a la mesa que daba a la playa para escribir. A veces el poema me salía totalmente de mi interior. En ese día en particular me asombró como el sol, la arena, y el agua nos aman a todos por igual mientras contemplaba a los que tomaban sol, la familias, las jóvenes en bikinis y los chicos en moto flexionando sus músculos y disfruté el Narcisismo (hacia ellos) obvio de su belleza y juventud. En lo que consideraba los ideales de la belleza en la cultura dominante, me vi rechazando las limitaciones de la juventud y un cuerpo fuerte (o en el caso de las jóvenes, curveado) y vi como todos somos hermosos en nuestras formas y tamaños, edades y tipos de los niños a los adultos, desde la juventud hasta la vejez.

Mi imagen favorita en el poema es donde escribí sobre el agua que asciende por los muslos "como medias costosas puestas lentamente" esa caricia natural deleitante de una ola la imaginé como una especie de confirmación de mi convicción. Dios nos ama a todos por igual. La naturaleza acaricia cada vida, cada criatura viva. A su vez, la lucha al borde del mar, como las líneas finales del poema de Matthew Arnold "Playa Dover" crea algo como una reacción en contra del potencial de la sentimentalidad superficial. Somos amados y amamos, sí, pero al mismo tiempo somos crueles y desconsiderados".

BASADO EN SUS COMENTARIOS, pude "decodificar" sus pensamientos y escribir mi interpretación del poema. Lo divino es notable en "Cuán hermosos somos", una elegía a la belleza y la verdad, dos pilares esenciales de la poesía. Leemos a un poeta alerta que le canta a la vida, poniéndole voz a sus sueños, su ansiedad por cruzar fronteras dimensionales y fundirse con la naturaleza. Dos elementos recurrentes que percibimos en el poema son *cielo* y *agua*, como nos dice Lee en la cita anterior. Lee es llevado a una realidad que se abre ante él, que absorbe tanto lo físico real que narra y las elaboraciones poéticas que se derivan de este en la mente del poeta.

El cierre es objetivamente marcado por el poeta como un aviso, una verdad, sin embargo de manera optimista escogemos ser el océano, el río. Escogemos volar "cuando el cielo mira hacia abajo y ve cuán hermosos somos": hay belleza en nuestra existencia y "creemos en volar porque hemos estado soñando con el rocío", una preciada posesión, la de soñar. Un creyente en Dios y en el mundo natural que nos rodea, Lee escribe:

Cuán hermosos somos

Te digo
que quiero ser el agua
la forma en que las olas del lago
aman nuestros cuerpos hasta la misma glorificación
los viejos levantan
sus altos hombros rojos
que brillan en el sol como si restregando una dificultad
sus vientres fruncidos
como goma encogida
y las mujeres
con piernas como tenue tinta
un húmedo azulado sobre blanco
y el fluido del deseo escondido
como rosas después de la lluvia
si observo
el clima húmedo reverdeciendo
un césped marrón quemado
cómo entonces
el fucsia adormilado
por la sequía se eleva
como alguien que se despierta en el calor
alguna tímida bailarina
que se levanta para tomar mi mano
mientras saltamos
más allá de la ventana
estamos así de tristes por
la gravedad de las nubes
pero creemos en volar
porque hemos estado soñando
con el rocío
que se adhiere a la filigrana
de la telaraña y las algas
quiero ser
tanto piscina de agua salada
como el océano
quiero ser

el río que asciende
como medias costosas
puestas lentamente
mientras te adentras más
y más
en el amor
quiero ser
lo que sucede
cuando el cielo mira hacia abajo
y ve
cuán hermosos somos
pero hay lucha al borde del mar
donde nada es verdad
excepto el morir

– 2 –

IF WE ASSUME POETRY as an extraordinarily creative, lettered crystallization of outer and inner realities, we will discern the poet's identification with his lines in our next poem, "... how to read this poem": "Imagine yourself as one or all of these lines." The poet is one with his creation; he is part of that reality he cups in his hand and magic-wand-touches in his mind. The poet identifies with the reader, and sees himself as a reader too.

By using a simile, "Imagine the poem closing you in / like a cell...," Lee proposes a micro-instant of experiencing a physical-mental solitude enclosed; to then oppose the idea with a thesis of unbound freedom writing/reading provides: "read this poem / to set yourself free."

JOHN WROTE THE POEM when he was seventeen: "It was requested of me by Margaret Avison that I write a book of poems on one theme. In a fever, I composed the entire chapbook *Poem for One or More Feet*, in a matter of hours. I was inspired by the prospect of her championing a manuscript for possible publication. It was submitted to and accepted for publication, first by Coach House Press, and then by Applegarth Follies Press, then it was published in my second book, *Love Among the Tombstones*, and then republished in *This Is How We See the World*."

WE ARE IN THE PRESENCE OF A GEM in the raw writing away like a genius poet-to-be. Despite the poem's early stage of creation, it is worth reading for the reasons I presented above. What impresses the most is what Lee continued to tell me: "I wrote the entire book (chapbook) in a few hours as a seventeen year old student at Western sitting a table in the library on campus."
Let's enjoy the poem with these considerations in mind:

... how to read this poem

This poem
is a dance
a ritual
imagine each line
hammering on the floor
like a spoiled child
or spinning an insane dervish.
Imagine yourself as one
or all of these lines.
Imagine the poem closing you in
like a cell
read this poem
to set yourself free

– 2 –

SI ASUMIMOS LA POESÍA como una cristalización extraordinariamente creativa en forma de letras de nuestras realidades exteriores e interiores, podremos discernir la identificación del poeta con sus líneas en nuestro próximo poema, "... cómo leer este poema": "Imagínese a usted mismo como una o todas estas líneas". El poeta se vuelve y su creación se vuelven uno; es él parte de esa realidad que toma en su mano y en su mente como el toque de una varita mágica. El poeta se identifica con el lector, y se ve como un lector también.

Al usar un símil, "Imagine al poema envolviéndole / como una celda...", Lee propone un micro-instante de experimentar una soledad físico-mental encerrada; para entonces contrastar la idea con una tesis de libertad ilimitada que escribir/leer nos da: "lea este poema / para que se libere".

JOHN ESCRIBIÓ EL POEMA cuando tenía diecisiete años: "Margaret Avison me pidió que escribiera un libro de poemas con un solo tema. De un tirón, escribí completo el pequeño libro *Poema para uno o más pies*, en cuestión de horas. Estaba inspirado en la posibilidad de que ella escogiera un manuscrito para una posible publicación. Se entregó y fue aceptado para su publicación, primero por Coach House Press, y luego por Applegarth Follies Press, luego se publicó en mi segundo libro, *Amor entre lápidas*, y luego republicado en *Así es como vemos el mundo*".

Estamos en presencia de una joya en bruto que escribe sin parar como un genio poeta en ciernes. A pesar de la temprana etapa de creación del poema, vale la pena leerlo por las razones antes mencionadas. Lo que más impresiona es lo que Lee me dijo después: "Escribí el libro completo (pequeño libro) en pocas horas como un estudiante de diecisiete años en Western sentado a una mesa en la biblioteca del campus".

Leamos el poema con estas consideraciones en mente:

... cómo leer este poema

Este poema
es un baile
un ritual
imagine cada línea
martillando sobre el piso
como un niño malcriado
o bailando como un alocado derviche.
Imagínese a usted mismo como una
o todas estas líneas.
Imagine al poema envolviéndole
como una celda
lea este poema
para que se libere

WHAT WE EXPECT TO FIND IN A POEM, an explanation of beauty, life and death, a philosophy of the soul unfurling in tropes of genuine birth. What has been said and written so many times now reworded and re-engraved in floating, streaming poetic lines, finally perches upon our trembling realization and enlightenment of veiled things and feelings. It settles in our vulnerable hearts, revealed by the poet in "By the Shore's Collapsing Waters I am Bound."

JOHN SHARED SOME INTERESTING THOUGHTS with me regarding this poem:

"... this poem from the Chapbook *The Day Jane Fonda Came to Guelph* was written one summer at the very first cottage we owned... Our cottage was across the road from a cliff leading down to the lake (meaning Lake Erie, the most southerly of the great lakes, except for Lake Michigan which is entirely located in the United States). The house where we live now is located about thirty kms. to the west of Peacock Point. My present location overlooks Long Point Bay.

Peacock Point is a small point of land thrust out into Lake Erie, so the view from there is of the lake. In the case of this poem, I think I was conflating my lake view with my experience with the ocean. At that time I had visited the Atlantic Ocean and perhaps I had been to Cuba, I don't recall. Hence the reference to the sea. The Kama sutra of many sleeps is both an innocent sexual allusion, and at the same time a sort of time lapse image of someone's movements in REM sleep. The poem remains slightly enigmatic to me.

The abstract pain, comparing the flaw of love to a gnat in the gloaming, the shadow (and the shade—both references to the soul, and the life of the shadow in memory ... a kind of Freudian reference as well) the shadow self. A simulacrum perhaps. I'm glad you liked this one (as I would be happy to have you enjoy any poem you find gives you pleasure) but I had to read it again several times to revivify something of the original impulse since the story of its inspiration is lost to me."

DEPARTING FROM THESE "CONFESSIONS," I can derive some personal ideas. He finds it all and exposes it motivated by an inspiring source, the sea, which he acknowledges in his closing simile, "… like the surface of the sea." He enters meditative, inquisitive realms only chosen ones tread on, leaving for us his revelatory penning. The line "The long shadow you cast standing in your lifelight," invites to an inward reflection of our lives, to a revision of that shadow we cast, understood as influence, mark, legacy; that he puts in perspective for us to see and ponder.

Lee confers upon dreams a special significance in his poem, as we lie down and rise every day from our hypnogigic/hypnopompic phases of waking and falling asleep and sleeping and dreaming. Such phases are biologically mandatory in human and natural cycles, and it is lyrically drafted by Lee in his poem's final lines.

Dialectical in its underlying sinews, the poem claims for change – over sleep; change that must be channeled positively – in awakening, in our reflection of living, coloured by the manifold interpretations sparkled in the readers through this allusion to Kama sutra with obvious sensual implications embedded in an oneiric background. Change, as in the sea, is inevitable movement. The poem below:

By the Shore's Collapsing Waters

I am Bound
There are certain ways of making brevity seem brief.
Something you notice
in memory
some half-forgotten pain
some darkening flaw of love
like a gnat in the gloaming.
The long shadow you cast
standing in your lifelight.
The Kama sutra of many sleeps
where you curl and change
like the surface of the sea.

LO QUE ASPIRAMOS A ENCONTRAR EN UN POEMA, una explicación de la belleza, la vida y la muerte, una filosofía del alma dándose en tropos de genuina cuna. Lo que ha sido dicho y escrito tantas veces ahora re-expresado y re-grabado en flotantes, fluidas líneas poéticas, finalmente se posa sobre nuestra trémula comprensión y explicación de las cosas y sentimientos velados. Se acomoda en nuestros corazones vulnerables, revelada por el poeta en "Cerca de las sosegadas aguas de la orilla".

JOHN COMPARTIÓ ALGUNAS IDEAS INTERESANTES conmigo con respecto a este poema:
"... este poema del pequeño libro *El día que Jane Fonda vino a Guelph* lo escribí un verano en la primera cabaña que tuvimos... Nuestra cabaña estaba ubicada frente al camino desde un acantilado que llevaba al lago (o sea, el Lago Erie, el más al sur de los grandes lagos, excepto el Lago Michigan que está totalmente dentro de territorio de los EE.UU.). La casa donde vivimos ahora está a aproximadamente treinta kilómetros al oeste de Peacock Point. Mi ubicación actual da a la Bahía de Long Point.

Peacock Point es una pequeña punta de tierra adentrada en el Lago Erie, por lo que la vista desde allí es el lago. En el caso de este poema, creo que yo estaba combinando la vista de mi lago con mi experiencia con el océano. Para entonces había visitado el Océano Atlántico y quizás ya había estado en Cuba, no recuerdo. De ahí la referencia al mar. El Kama Sutra de muchos sueños es tanto una inocente alusión sexual como una especie de imagen de lapsus temporal del movimiento REM en el sueño de alguien. El poema sigue siendo ligeramente enigmático para mí. El dolor abstracto, comparando la imperfección del amor con un mosquito en el crepúsculo, la sombra (y el sombreado—ambas referencias al alma, y la vida de la sombra en la memoria... algo así como una referencia Freudiana también) y el ser de la sombra. Un simulacro tal vez. Me alegra que te haya gustado este (tanto como me alegraría que disfrutaras cualquier poema que te da placer)   pero tuve que leerlo de nuevo varias veces para revivir algo del impulso original ya que la historia de su inspiración la olvidé".

PARTIENDO DE ESTAS "CONFESIONES", puedo formarme algunas nociones personales. El poeta encuentra todo y lo expone motivado por una fuente inspiradora, el mar, al cual reconoce en un símil de cierra, "… como la superficie del mar". Entra a dominios de búsqueda y meditación a los que solo los escogidos acceden, dejando para nosotros sus escritos reveladores. La línea "La larga sombra que proyectas parado en tu luz de vida", invita a una reflexión interior de nuestras vidas, a una revisión de la sombra que proyectamos, entendida como influencia, marca, legado; que el poeta pone en perspectiva para que veamos y meditemos.

El poeta le confiere a los sueños una significación especial en su poema, cuando nos acostamos y nos levantamos cada día de nuestras fases justo antes de despertar y justo antes de caer en el sueño y de dormir y soñar. Tales fases son biológicamente condicionadas en los ciclos humanos y naturales, y esto es líricamente expresado por el poeta en las líneas finales del poema.

Dialéctico en sus entresijos subyacentes, el poema pide el cambio – sobre el sueño; cambio que tiene que ser canalizado de manera positiva – al despertar, en nuestra reflexión del vivir, matizado por las muchas interpretaciones que pueden avivarse en los lectores por medio de esta alusión al Kama Sutra con obvias implicaciones sensuales añadidas a un trasfondo onírico. El cambio, como en el mar, es inevitable movimiento. A continuación el poema:

Cerca de las sosegadas aguas de la orilla

Estoy Seguro
Hay ciertas formas de hacer que la brevedad parezca breve.
Algo que notas
en la memoria

algún dolor medio olvidado
alguna oscura imperfección del amor
como un mosquito en el crepúsculo.
La larga sombra que proyectas
parado en tu luz de vida.
El Kama Sutra de muchos sueños
donde te encorvas y cambias
como la superficie del mar.

– 4 –

IMPLICATED IN THE ACT OF CREATING POETRY and extolling it, the poet never forgets the woman his books are consistently dedicated to, Cathy, his wife. Lee conceives this piece in the after-waking moment, a soft, dream-like atmosphere nudging his hand to pen. Bare sensuality, as the woman's, throbs in the lines. The phrase "… your shape procures a note so faintly played upon the felts it leaves no mark…" suggests not that her shape is unsubstantial. It rather highlights in stunning poetic dissertation its delicacy, how it gently sits on the textile, kindling in the poet's eye a proud notion that her shape is worthy of posing for an artist.

THIS IS WHAT THE POET EXPLAINED TO ME:

"I remember this poem very well from the same collection. I always liked the line "mummed like a secret-keeper's mouth" as an image of the feminine vulva. The idea of description of the feminine … and the line which echoes Cohen (now that I notice it) "it leaves no mark" very similar to Cohen's "as the mist leaves no scar." This poem is an Erotic celebration of the breath of life and the natural beauty of physical love."

SURMISING SHE IS ASLEEP WHILE HE WATCHES HER, I could not refrain myself from recalling Margaret Atwood's "Variation on the Word Sleep" (talking about echoes from great poets), a poem I commented in my first review book *(In a Fragile Moment: A Landscape of Canadian Poetry. Hidden Brook Press, 2020)*. I said then that poets – artists and singers as well – "find a source of inspiration in watching their beloved as they sleep. Atwood has created a lyrically sweet poem, a peaceful contemplation of her lover."

So has Lee, singing to his wife, finding beauty in her, giving "the natural beauty of physical love" a touching position of privilege. We tremble in the physicality of Lee's poem, how it fuses with "… the interior journey, the progress of the soul…"

The poet reaches a crest where an illumination of spirituality communes with the physical element. One complements the other, eroticism handled with artistry. If I were to choose my all-time-favourite Lee poem, this would be it:

I Wake to Breathe Your Beauty In

I wake to breathe your beauty in
your soft pink sex
mummed like a secret-keeper's mouth
the stone imprisoned by its fall
could no more hang upon the wind
that I hold back this love
your shape procures
a note so faintly played
upon the felts
it leaves no mark
like a dustless butler's glove
and I with sad melodies unsung
with wordless names and voiceless calling
dream the mild narcotic
of your gently moving breast.

– 4 –

INVOLUCRADO EN EL ACTO DE CREAR POESÍA y enalte-ciéndola, el poeta nunca olvida la mujer a quien sus libros están dedicados consistentemente, Cathy, su esposa. Lee concibe esta pieza en el momento luego de despertar, una atmósfera suave, como un sueño, empujando su mano a escribir. Desnuda sensualidad, como la de la mujer, pulsa en las líneas del poema. La frase "... tu figura incita una nota musical tan sutilmente pulsada sobre el fieltro que no deja marca alguna…" no sugiere que su forma es insignificante. Más bien realza en impresionante disertación poética su delicadeza, como esa belleza tiernamente yace sobre el textil, prendiendo en el ojo del poeta una orgullosa noción de que su figura merece posar para un artista.

ASÍ ME LO EXPLICÓ EL POETA:
"Recuerdo muy bien este poema de la misma colección. Siempre me gustó la línea "callado como la boca de un guardián de secretos" como una imagen de la vulva femenina. La idea de la descripción de lo femenino… y la línea que recuerda a Cohen (ahora que lo noto) "no deja marca alguna" muy parecida a la de Cohen "como la niebla que no deja cicatrices". Este poema es una celebración erótica al hálito de la vida y la belleza natural del amor físico".

ASUMIENDO QUE ELLA ESTÁ DORMIDA MIENTRAS ÉL LA OBSERVA, no pude evitar recordar el poema de Margaret Atwood "Variaciones para la palabra sueño" (hablando de grandes poetas), un poema que comenté en mi primer libro de reseñas (*In a Fragile Moment: A Landscape of Canadian Poetry. Hidden Brook Press, 2020*). Dije entonces que los poetas – los artistas y los cantantes también – "encuentran una fuente de inspiración en mirar a sus amadas parejas cuando están dormidas. Atwood ha creado un poema líricamente tierno, una serena contemplación de su amante".

También Lee lo ha logrado, cantando a su esposa, encontrando belleza en ella, dando a "la belleza natural del amor físico" una conmovedora posición de privilegio. Temblamos en lo físico del poema de Lee, como este se funde con "la travesía interior, el ascenso del alma…"

El poeta alcanza una cumbre donde la iluminación de la espiritualidad está en comunión con el aspecto físico. Una complementa al otro, lo erótico tratado con maestría. Si fuera a escoger mi poema favorito de todos los poemas de Lee, este lo sería:

Despierto para absorber tu belleza

Despierto para absorber tu belleza
tu tierno rosado sexo
callado como la boca de un guardián de secretos
la piedra aprisionada en su caída
ya no podría resistir el viento
como yo no podría contener este amor
tu figura incita
una nota musical tan sutilmente pulsada
sobre el fieltro
que no deja marca alguna
como el guante pulcro de un mayordomo
y yo con tristes melodías por entonar
con nombres sin palabras y llamados sin voz
sueño el ligero hipnotismo
del suave movimiento de tu seno.

− 5 −

WE MOVE ON NOW TO ANOTHER EROTIC POEM, carved meticulously by the poet, where Biblical allusions overlap with rich imagery. The phrase "and this" is highly suggestive; it leaves in the readers' minds only the cue, the rest is to be imagined, anticipated by them at the burning threshold of innuendo, sensations and cravings. Lee's metaphorical dexterity does not cease to amaze us.

ABOUT THE POEM, LEE SAYS,
"and this" is a very recent poem, a kind of visitation to the same impulse that inspired the previous selection. That notion of *the what* lies beneath the leaf of Eve. Adam and Eve and God walking in the cool of the day in the garden shortly after Eve has tasted the fruit of the tree of knowledge and she and Adam realize their nakedness. The retracing of that post-knowledge moment to the moment before when one did not have the impulse to hide one's nakedness, when nakedness was lovely and innocent as when we were children."

THE FIRST TWO LINES ARE GENUINELY ANTICI-PATORY of what the poet proposes in the poem. He requests, gently, suggestively, inviting to the tempting images outlined in the text, the end prodded by "and this," which rather than close the poem adds an afterglow layer to it:

... and this.

remove the leaf my love
where knowledge makes you shy
and I will
be the shade beneath
the restless shadow
of a walking eye
to call it sin
improves on darkness

darker still within
the moon-fold
of a silent kiss
the hurry-hearted sigh
one silver tear to cry
and this ...

– 5 –

NOS REFERIMOS AHORA A OTRO POEMA ERÓTICO, tallado en detalle por el poeta, donde las referencias Bíblicas se mezclan con una rica imaginería. La frase "y esto" es muy sugerente; deja en las mentes de los lectores solo una pista, el resto es para imaginarlo, ser anticipado por los lectores en el ardiente umbral de las insinuaciones, las sensaciones y los deseos. La destreza metafórica de Lee no deja de impresionarnos.

SOBRE EL POEMA, LEE NOS DICE,
"y esto" es un poema muy reciente, una suerte de visitación al mismo impulso que inspiró la pieza anterior. Esa noción del *qué* hay debajo de la hoja de Eva. Adán y Eva y Dios caminando en el frescor del día en el jardín justo después de que Eva probara la fruta del árbol de la sabiduría y ella y Adán se dieran cuenta de su desnudez. El volver sobre ese momento de post-conocimiento hasta el momento antes cuando no se tenía la urgencia de esconder nuestra desnudez, cuando la desnudez era hermosa e inocente como cuando éramos niños".

LAS DOS PRIMERAS LÍNEAS SON GENUINAMENTE ANTICIPATORIAS de lo que el poeta propone en el poema. Pide, gentilmente, sugerentemente, invitando a las tentadoras imágenes delineadas en el texto, el final avivado por "y esto", que más que concluir el poema le añade un manto de placentera sensación:

... y esto.

quita la hoja mi amor
de ese lugar donde la sabiduría te vuelve tímida
y seré
la incansable sombra
de un ojo errante
llamarle pecado
incrementa lo oscuro
incluso lo más oscuro dentro
de la ondulación lunar
de un silencioso beso
el suspiro a corazón apresurado
una plateada lágrima por llorar
y esto ...

6

LEE WAS SEVENTEEN WHEN HE WROTE "... how to read this poem," a piece obviously forecasting the great poet he would become, related to the practice of writing and reading poetry from a budding writer's experience. Our next piece is a more recent creation. Lee ably retakes the notion of poetry from a post-creation meta-writing perspective, significantly infusing it with the high poetic gift of his elaborations.

Bathed in imagery elegantly exposed, the poem guides the reader into the dreamy contexts the poet presents, likening the final product to "the quiet sleep of fragrant ink locked within the verso and the recto." Lee proves to us a poem is a "seed" that claims "warm release."

ABOUT IT, HE SAYS:
"... in every poem I write I long to involve the head, the heart, the body, the soul and the spirit in one surround, to partake in the things of the mind, to feel as the heart feels deep and profound empathy for every living thing, to sense with all the appetites of the flesh, the pleasures we experience in moderation and with the intense frisson of heightened sensory and sensual awareness, to draw from the deep wells of the soul and to be enclosed by the spirit of the universe.

That is what I aspire to, that is what I'm after, to vanish into the work, to glimpse an harmonious and resonant moment of grace like the sympathetic buzzing of the tuning fork and the responding rhythms of nature and what is sacred and holy, and so it is when the pages of a book close upon the poem, that kiss in the darkness, that is the irony of yearning to know.

When the experience is most holy and sacred we are the least conscious of it, and when we are most conscious of it, we sometimes shatter and obliterate the possibility of being one with the universe. This vanishing is something I've tried to accomplish. To vanish into the work. There is a moment in the Bible wherein there is a description of the moving hand. I feel at times that I am becoming that moving hand."

No more comments are needed after reading Lee's explanation. Enjoy the poem, a promising top-two favourite for me:

Kissing the Darkness when the Pages Close

my poem is there
kissing the darkness
when the pages are closed
and silent
as a dreamer's mind
the quiet sleep of fragrant ink
locked within the verso and
the recto
like seed life in the frozen earth
that longs
for warm release
in stranger's light
to feel the fertile germination
of a sentient breath
transforming
tight-packed syllables
of interlocking words
between the speaking and
the hearing
lies the soul that moves the hand

– 6 –

LEE TENÍA DIECISIETE AÑOS CUANDO ESCRIBIÓ "... cómo leer este poema", una pieza que obviamente vaticina el gran poeta en que se convertiría, relacionado con la práctica de escribir y leer poesía desde la experiencia de un escritor en ciernes. Nuestro próximo poema es una creación más reciente. De manera hábil, Lee retoma la noción de la poesía desde un ángulo de post-creación y meta-escritura, infundiéndole notablemente el alto don poético de sus elaboraciones.

Lleno de imaginería elegantemente presentada, el poema guía al lector hasta los contextos de ensueño que nos presenta el poeta, equiparando el producto final con "el suave sueño de tinta aromática enzarzada dentro de la página izquierda y la página derecha". Lee nos demuestra que un poema es una "semilla" que reclama "cálida liberación".

SOBRE EL MISMO, NOS DICE:
"... en cada poema que escribo anhelo involucrar mi cabeza, mi corazón, mi cuerpo, mi alma y el alma en un todo, para compartir las cosas de la mente, para sentir como el corazón siente honda y profunda empatía por cada criatura viva, para sentir con todos los apetitos de la carne, los placeres que experimentamos en la moderación y con el intenso estremecimiento de una realzada conciencia sensorial y sensual, para extraer de los profundos pozos del alma y para ser cubierto por el espíritu del universo.

A eso aspiro, eso busco, desaparecer dentro del trabajo, atisbar un momento de gracia armonioso y resonante como el compasivo sonido del diapasón y los ritmos interactuantes de la naturaleza y lo que es sagrado y santo, y entonces es cuando las páginas de un libro se cierran sobre un poema, ese beso en la oscuridad, esa es la ironía del ansia de saber.

Cuando la experiencia es mayormente santa y sagrada casi ni nos damos cuenta de ello, y cuando sí nos damos cuenta, algunas veces destruimos y borramos la posibilidad de que el universo y nosotros seamos uno. Lo de desaparecer es algo que he intentado lograr. Desaparecer dentro del trabajo. Hay un momento en la Biblia donde se describe la mano en movimiento. Siento a veces que me estoy volviendo la mano en movimiento".

No hacen falta más comentarios después de leer las explicaciones del poeta. Disfruten el poema, un prometedor segundo favorito para mí:

Besando la oscuridad cuando se cierran las páginas

mi poema está ahí
besando la oscuridad
cuando se cierran las páginas
y silencioso
como la mente de un soñador
el suave sueño de tinta aromática
enzarzada dentro de la página izquierda
y la página derecha
como vida seminal en la tierra helada
que anhela
cálida liberación
en la luz de un extraño
para sentir el fecundo brote
de un aliento sentimental
transformando
apretujadas sílabas
de palabras entrecruzadas
entre el hablar y
el escuchar
reposa el alma que mueve la mano

7

OUR NEXT POEM IS ONE OF LEE'S FAVORITES! About it, he wrote,

""The Starwatchers" is one of my own personal favourite poems because it was written in Cuba about the time when I traveled to the island with my wife, our son and daughter-in-law and their sons (our grandsons who were 4 and 2 at the time). We had a wonderful time there and I remember how often we considered the night sky together as we walked in the evening.

The line on the "wine dark" sea is a reference from Homer. When I was young I read the Iliad and the Odyssey. I favoured the Iliad because I was always fascinated by war as a child. I watched newsreel footage of WWII (although I was born over six years after that war had ended, old newsreel footage of the war was broadcast frequently on television). And I have sometimes thought that if I am a reincarnation (and I don't seriously believe this to be the case) I have experiences of the Trojan War, Caesar's Gallic war, the Battle of the Plains of Abraham in Quebec, and WWII.

So, when I reference the wine dark sea in that poem, it is a very private moment wherein none of that is available to the reader. It's one of those inner thoughts wherein a writer places a mischief in a poem, something very personal, something only he or she can know. And at the end of the poem, because it is my son, and his children, I am also slightly melancholy because I see my Mother and Father who are gone, in this line of blood within the family and in the eternal stars and the ever moving sea."

LEE'S PASSION IN HIS WORDS IS EVIDENT. It is with great pleasure that I learn it is one of his favourites for three reasons. One, because it is included in my list. Two, because he wrote it in Cuba and our context provided the inspiration to do so, surrounded by his loved ones. Three, because it shows us the family man, finding inspiration in them and drawing from the magnificent moment they are all enjoying.

The poem's mood is all-embracing and warm, mythology-motivated and proof of Lee's erudition. Allusions and imagery bring it to a fine polish, excellently finished in the last two lines.

The Starwatchers

we were a sextet
of curious humans
three generations of starwatchers
gazing up
at the brilliant embers
of night-black heaven
blazing over the small island
off the coast of Cuba
a gauze-thin cloud
drifting across moonlight
like smoke
from the burning mind of Galileo Galilee
and I
the solitary expert
only of the most obvious
celestial bodies
naming the small dipper
the belt of Orion
the planet Venus
goddess of the distant horizon
Aphrodite standing on her shell
far out in the wine-dark sea
all her great desires
revealed in light
the milky luminosity of her breasts
and the waves that trace her hips
like foam upon the combers
in the shoals
where reef and shallows
meet and break in a deep blue line

but I am contemplating loss
with my father
gone   and my mother
gone – vanishing into those mortal moments
of impossible memory and forgotten dream

oh Copernicus
and though the common sky
seems overfilled
there's darkness in the well
while thirst draws forth this cup of words
splashing every particle
of knowledge into dust
the genius of time has stolen love
and set the stillness of two silent hearts
like stones beyond my reach

– 7 –

¡NUESTRO PRÓXIMO POEMA ES UNO DE LOS PREFERIDOS DE LEE! Sobre el mismo escribió,

""Los espectadores de estrellas" es uno de mis poemas favoritos en lo personal porque lo escribí en Cuba en la época en que viajé a la isla con mi esposa, mi hijo y mi cuñada y sus hijos (nuestros nietos que tenían 4 y 2 años entonces). Pasamos momentos maravillosos allá y recuerdo la frecuencia con que contemplábamos el cielo nocturno juntos mientras caminábamos en las noches.

La línea sobre el mar "oscuro como vino" es una alusión de Homero. Cuando yo era joven leí la Ilíada y la Odisea. Preferí la Ilíada porque siempre me fascinó la guerra desde niño. Vi documentales noticiosos de la Segunda Guerra Mundial (aunque nací más de seis años después que la guerra había terminado, viejos documentales noticiosos de la guerra se transmitían con frecuencia por la televisión). Y algunas veces he pensado que si reencarno (y no creo seriamente que este sea el caso) tenga experiencias de la guerra de Troya, las contiendas de Julio César en la Galia, la Batalla de las Mesetas de Abraham in Quebec, y la Segunda Guerra Mundial.

Por tanto, cuando aludo al mar oscuro como vino en ese poema, es un momento muy íntimo en el que nada es asequible al lector. Es uno de esos pensamientos profundos en que un escritor coloca una malicia en un poema, algo muy personal, algo que solo él o ella puede saber.

Y al final del poema, porque es mi hijo, y sus hijos, también yo me siento ligeramente melancólico porque veo a mi Madre y mi Padre ya idos, en esta estirpe de familia y en las eternas estrellas y el mar en su perpetuo movimiento".

LA PASIÓN DE LEE EN SUS PALABRAS ES EVIDENTE. Es con gran placer que conozco que este es uno de sus poemas favoritos por tres razones. Primera, porque está incluido en mi lista. Segunda, porque lo escribió en Cuba y nuestro contexto propició la inspiración para hacerlo, rodeado por sus seres queridos. Tercera, porque nos muestra el hombre de familia, que encuentra inspiración en ellos y aprovechando el magnífico momento que todos están disfrutando.

La atmósfera del poema es abarcadora y cálida, motivada por lo mitológico y evidencia de la erudición del poeta. Alusiones y lenguaje figurado llevan el poema a un excelente acabado, magistralmente concluido en las dos últimas líneas.

Los espectadores de estrellas

éramos un sexteto
de humanos curiosos
tres generaciones de espectadores de estrellas
atisbando
las ascuas brillantes
de un cielo en lo oscuro de la noche
reluciendo sobre la pequeña isla

cerca de la costa de Cuba
una nube transparente
a la deriva a través de la luz de la luna
como humo
de la mente ardiente de Galileo Galilei
y yo
el solitario experto
solo de los más obvios
cuerpos celestes
nombrando la Osa Menor
el Cinturón de Orión
el planeta Venus
diosa del lejano horizonte
Afrodita parada sobre su concha
en la distancia en el mar oscuro como vino
todos sus grandes deseos
revelados en la luz
la pálida luminosidad de sus senos
y las curvas que marcan sus caderas
como espuma sobre las grandes olas combadas
en los bancos de arena
donde los arrecifes y los bajíos
se encuentran y se abren en una profunda línea azul
pero yo estoy mirando la pérdida
con mi padre
ido y mi madre
ida – desapareciendo en estos mortales momentos
de memoria imposible y olvidado sueño

oh Copérnico
y aunque el cielo común
parece sobrecargado
hay oscuridad en el pozo
mientras la sed saca esta copa de palabras
convirtiendo cada partícula
de sabiduría en polvo
el genio del tiempo ha hurtado el amor
e impuesto la quietud de dos callados corazones
como piedras fuera de mi alcance

– 8 –

JOHN B. LEE STIRRED THE NOSTALGIA OF TRAVELING in me with the next poem. When he wrote to me with his explanation of the poem, he said,

""I Too Can Show the Way" was first written as an assignment given me by the producer of a television show. I was commissioned to write four poems to honour Canadian heroes... I wrote this poem after returning from Baffin Island where I spent two weeks hiking north along the Weasel River valley crossing the Arctic Circle on the way.

The "friend" in the poem is a man named Walter Seroka. He had invited me and my elder son Dylan along with another adult named Ash Winter to accompany him on a trek in the Arctic. We were dropped at the base of the trail and we trekked north along the Weasel crossing the Arctic Circle on foot and arriving at Summit Lake near the Penny Glacier. When Walter passed away two years ago this poem was read at his funeral. It was also selected for an anthology of poems celebrating the election of Barak Obama. The opening poem of my chapbook "The Echo of Your Words Has Reached Me," the title of which was taken from the lines of an Inuit poem, "Little man!" the mountain cried. / "The echo of your words has reached me! / Do you really think I can be contained / in your song?" And when you are in the Arctic, in that vast solitude of rock and tundra and frozen water, you feel the size of your own body set against the magnitude of the landscape, and you are humbled by the majesty of the inhospitable beauty of the wilderness."

AFTER SUCH DESCRIPTION OF THE ORIGINS OF THE POEM, I can only add a few ideas. It is heart-warming and elegiac in its initial concept. I felt classic resonances of Blake's "The Tyger" ("What immortal hand or eye... In what distant deeps or skies... On what wings dare he aspire... And what shoulder, & what art...") in its structure in the first seven lines that drummed strongly in my heart. As well, a reader of Al Purdy would surely notice a "Purdian" touch in the spirit of the moment and the accidents it depicts, being Lee, like Purdy, an inveterate traveler-explorer too.

In traveling, we meet with the past, savor it; we envision tomorrows, lean hopefully on them pedestaled on our present. In traveling we grow and become informed humans, we are invested with the gift of constructive comparison and contrast, we forge purpose, seek end and stand trustfully on faith. In traveling our individuality waxes as universality that we lacked as "locals," and we learn to appreciate "thereness" and otherness in geographies we had at our fingertips and encounters we embraced. This is how we feel when we read this piece:

I Too Can Show the Way

Where would you lead me friend?
into what future
and from what past
and by what light guide
and for what purpose go
and to what end
and with what faith …
for if I follow
where the hills are hard
and if I cross cruel rivers
on the way
stepping stone by stone
between the foams and froths
that break the water's voice
and if I look to see
who comes behind
by my example then
we share a path
and breathe to climb
and step against the slope
to see the valley's hard green ease
beyond a blind horizon's call

and if you'd named the dangers
one by one
and sent those glories free before
how then
to temper knowing
if I do not touch the stones the rivers touch
how then to look upon the map
and say
see there, we went together
I too can show the way.

– 8 –

JOHN B. LEE DESPERTÓ LA NOSTALGIA DE VIAJAR en mí con el siguiente poema. Cuando me escribió con su explicación del poema, dijo, ""Yo también puedo mostrar el camino" lo escribí la primera vez como una tarea que me dio el productor de un show de televisión. Me comisionó para escribir cuatro poemas para honrar los héroes de Canadá... Escribí este poema luego de regresar de la isla Baffin donde estuve dos semanas esquiando al norte a lo largo del valle de Weasel River que atraviesa el Círculo Ártico en su camino.

El "amigo" en el poema es un hombre llamado Walter Seroka. Nos había invitado a mí y a mi hijo mayor Dylan junto con otro adulto llamado Ash Winter para que le acompañáramos en una excursión por el Ártico. Nos dejaron en la base del sendero y nos desplazamos hacia el norte por el Weasel cruzando el Círculo Ártico a pie y llegando a Summit Lake cerca de Penny Glacier. Cuando Walter falleció hace dos años este poema se leyó en su funeral. Se escogió también para una antología de poemas celebrando la elección de Barack Obama. El poema inicial de mi pequeño libro "El eco de tus palabras ha llegado a mí", cuyo título se tomó de las líneas de un poema Inuit, "¡Pequeño hombre!" gritó la montaña. / "¡El eco de tus palabras ha llegado a mí! / ¿De verdad piensas que puedo ser contenida / en tu canción?" Y cuando estás en el Ártico, en esa vasta soledad de roca y tundra y agua congelada, sientes el tamaño de tu propio cuerpo contrastado con la magnitud del paisaje, y recibes una lección de humildad de la majestuosidad de la belleza inhóspita de esos parajes".

LUEGO DE TAL DESCRIPCIÓN DE LOS ORÍGENES DEL POEMA, solo puedo agregar algunas ideas. Es aleccionador y elegíaco en su concepto inicial. Sentí clásicas resonancias de "El tigre" de Blake ("Qué inmortal mano u ojo… En qué lejanas profundidades o cielos… En qué alas se atreve a respirar… Y qué hombro, & qué arte…") en su estructura en las primeras siete líneas que rasguearon fuertemente mi corazón. Además, un lector de Al Purdy notaría seguramente un toque a lo Purdy en el espíritu del momento y los accidentes que describe, siendo Lee, como Purdy, un denodado viajero-explorador también.

Cuando viajamos, nos encontramos con el pasado, lo saboreamos; visualizamos futuros, nos apoyamos esperanzadamente en ellos parados sobre el pedestal del presente. Cuando viajamos crecemos y nos volvemos humanos informados, se nos da el don de comparación y contraste constructivos, forjamos objetivos, buscamos propósitos y nos erigimos confiadamente sobre la fe. Al viajar nuestra individualidad se vuelve universalidad que no teníamos como "locales", y aprendemos a apreciar "lo de allá" y lo otro en geografías que teníamos a nuestro alcance y encuentros que asumimos. Así nos sentimos cuando leemos este poema:

Yo también puedo mostrar el camino

¿A dónde me llevarías amigo?
a qué futuro
y desde qué pasado
y por cuál guía de luz
y con qué objetivo ir
y con qué fin
y con qué fe …
pues si te sigo
a donde las colinas son duras
y si cruzo crueles ríos
en el camino
pisando piedra a piedra
entre las espumas y burbujas
que resquebrajan la voz del agua
y si miro para ver
quién viene detrás
siguiendo mi ejemplo entonces
compartimos un senda
y respiramos para escalar
y pisar en la pendiente
para ver la naturalidad del firme verde del valle
más allá del llamado de un ciego horizonte
y si hubieras nombrado los peligros
uno por uno
y soltado esas glorias antes
cómo entonces
mitigar el saber
si no toco las piedras que tocan los ríos
cómo entonces se mirará el mapa
y se dirá
mira allí, fuimos juntos
yo también puedo mostrar el camino.

9

THE MUSES BEHIND LEE'S RATIONALE in "One Leaf in the Breath of the World" revealed the following to me:

"… what I sometimes refer to as the snowflake factor, how on the one hand we are made to seem insignificant and how on the other hand we are absolutely irreplaceable and essential, no matter how ephemeral. The holiness of individual consciousness and the precious and sacred nature of each individual incarnation set against the vastness, like a single leaf in weather … and yet, we exist."

THIS IS A DEEPLY PHILOSOPHICAL POEM scrutinizing the frailty of humans yet their meaningful *raison d'être* buttressed by the gift of consciousness to transform the world around and themselves. Lee treads – Lee style, Lee gait – on a theme that has both attracted and eluded poets, rendering a sublime piece, which is sensually set in the poet's contextual dialogue with his "Woman":

One Leaf in the Breath of the World

Woman, in a dream of desire
I have come to your shy mouth
left it wordlessly shining
like a silver scar
found the silence of sighing
that suffers the moon
I have seen how the bud
in the natural pear
goes grey as an ash
in the blossom's result
how the heart might quicken
like apples in August through autumn
and also, the stillness of sorrow
and also, the trembling soul
       one leaf in the breath of the world

– 9 –

LAS MUSAS DETRÁS DE LA LÓGICA DE LEE en "Una hoja en el aliento del mundo" reveló lo siguiente para mí:

"... a lo que a veces me refiero como el factor copo de nieve, como por una parte nacemos para parecer insignificantes y como por otra parte somos absolutamente insustituibles y esenciales, sin importar cuán efímeros. La sacralidad de la conciencia individual y la preciosa y sagrada naturaleza de cada encarnación individual puestas contra la vastedad, como una simple hoja en el clima... y sin embargo, existimos".

ES ESTE UN POEMA PROFUNDAMENTE FILOSÓFICO que escudriña la fragilidad de los humanos pero su significativa razón de ser sustentada por el don de la conciencia para transformar el mundo a su alrededor y transformarse ellos mismos. Lee se adentra – con su estilo, con su paso – en un tema que ha atraído y eludido a los poetas, ambas cosas, y nos deja una pieza sublime, que está sensualmente signada por el diálogo contextual con su "Mujer":

Una hoja en el aliento del mundo

Mujer, en un sueño de deseo
he venido a tu tímida boca
la he dejado resplandeciendo sin palabras
como una cicatriz plateada
encontré el silencio del suspiro
que sufre la luna
He visto como el brote
en la pera natural
se torna gris como ceniza
en el corolario del florecimiento
como el corazón puede acelerarse
cual manzanas en agosto a lo largo del otoño
y también, la quietud del dolor
y también, el alma trémula
      una hoja en el aliento del mundo

– 10 –

MY NEXT FAVOURITE IS "Bread, Water, Love." It is an epic poem – obviously not in length, but in puissance – an ode to three elemental fulcra of humankind: sustenance in bread (our "daily bread"), bread that stands as nourishment. Water – one of the elements (natural environment, weather conditions, forces of nature; but also bread and wine that are used in Holy Communion) – so powerful, so overwhelming, so decisive in the making of life the way we know it, in designing the world we live in, so vital for existence. Then Love, spiritual sustenance, saviour of it all.

Lee is aware that language is alive, that it can embrace us: "in the living arms of language." He keeps it very much alive and holds it in his hands to pour out excellent products. His coda for the poem is the best; humans are lifted from "our common sleep of dust" to the "gift of breath" through the three pillars of life, which echo across the poem in a repetition that gives strength to their role in the text. Something I was drawn to was the use of phrases that replace words like death ("common sleep of dust"), and life ("gift of breath"). Lee celebrates life and makes a statement, "what better words than these," in favor of bread, water, love.

HE SENT HIS VIEWS ON THE POEM:
"Ever since I wrote an essay about the Hittites in high school history class, and even before that when I was reading about them in the Bible, I have been fascinated and captivated by ancient history. Writing is very recent technology. How many tens of tens of thousands of years of human experience occurred prior to the invention of writing.

And then, when it began, how long before the first author took up his pen in honour of love in general, and love within marriage in particular. This Hittite king is believed to be the first poet in history who took up the pen and wrote of romantic love within marriage. Long before Song of Solomon. And the echo in Omar Kayam's phrase "a loaf of bread, a jug of wine, and thou..."

This poem has been set to music by Michael Schatte, who includes it on his CD Canundrum." Relish:

Bread, Water, Love

"Now you will eat bread,
Further you will drink water."
a Hittite phrase deciphered from Cuneiform

four thousand years ago
in a warm embrace of words

bread, water, love
if I lie
in the living arms
of language
what better words
than those—
bread, water, love
to give our common sleep
of dust
a gift of breath

bread
          water
                    love

10

MI PRÓXIMO FAVORITO ES "Pan, Agua, Amor". Es este un poema épico – por supuesto no en extensión, pero sí en poder – una oda a tres fundamentos elementales de la humanidad: el sustento en el pan (nuestro "pan de cada día"), pan que simboliza nutrición. Agua – uno de los elementos (medio ambiente natural, condiciones climatológicas, fuerzas de la naturaleza; pero también el pan y el vino usados en la Santa Comunión) – tan poderosa, tan asombrosa, tan decisiva en la construcción de la vida en la forma que la conocemos, en el diseño del mundo en que vivimos, tan vital para la existencia. Finalmente, Amor, sustento espiritual, el salvador de todo.

Lee es consciente de que el lenguaje está vivo, que puede abrazarnos: "en los brazos vivientes del lenguaje". Él lo mantiene bien vivo y lo toma en sus manos para verter productos excelentes. Su cierre para el poema es el mejor; los humanos son elevados de "nuestro sueño común de polvo" al "don del aliento" por medio de los tres pilares de la vida que resuenan a lo largo del poema en una repetición que le da fortaleza a su rol en el texto. Algo que me gustó fue el uso de frases que sustituyen palabras como muerte ("sueño común de polvo"), y vida ("don del aliento"). Lee celebra la vida y llama la atención, "qué mejores palabras que esas", a favor del pan, el agua, el amor.

EL POETA ME ENVIÓ SUS CRITERIOS SOBRE EL POEMA:

"Desde que escribí un ensayo sobre los Hititas en la clase de historia de la escuela, e incluso antes de ello cuando leía sobre ellos en la Biblia, he estado fascinado y cautivado por la historia antigua. La escritura es tecnología actual. Cuántas decenas de decenas de miles de años de experiencia humana ocurrieron antes de la invención de la escritura

Y luego, cuando comenzó, cuánto antes de que el primer autor tomara su pluma en honor al amor en general, y al amor dentro del matrimonio en particular. Se cree que este rey Hitita

haya sido el primer poeta en la historia que levantara la pluma y escribiera sobre el amor romántico dentro del matrimonio. Mucho antes del Cantar de los Cantares. Y el eco de la frase de Omar Kayam "un hogaza de pan, una jarra de vino, y tú…"
Este poema se musicalizó por Michael Schatte quien lo incluye en su CD Canundrum". Disfrútenlo:

Pan, Agua, Amor

"Ahora comerás pan,
Luego beberás agua."
frase Hitita descifrada del cuneiforme

hace cuatro mil años
en un cálido abrazo de palabras

pan, agua, amor
si estoy
en los brazos vivientes
del lenguaje
qué mejores palabras
que esas—
pan, agua, vino
para dar a nuestro común sueño
de polvo
un don de aliento

pan
    agua
        amor

– 11 –

APHRODISIA UNFOLDS SLOWLY, as the letters the poet gracefully molds, one by one, in his inspired ode to Cathy in the poem below. This is a poem that sensually drips water – remember Songs of Solomon: "I arose to open for my beloved, and my hands dripped with myrrh, my fingers with flowing myrrh, on the handles of the bolt. I opened for my beloved..." *(The Holy Bible - www.biblegateway.com/passage/?search=Song...Songs)* – where the poet skillfully exploits the element.

The lake and the "Lovely Woman" unite: "Where you move / water is desire – desire water." The poet is caught up in the sight he rejoices in and carves unstoppable imagery out of like magic. The last three lines are immortal, as much as the poet makes explicit what he feels, what he aspires.

ENJOY IT FULLY AFTER READING what Lee told me about it:

"Lovely Woman in the Lake, My Wife, My Love" is taken from the same chapbook, *The Day Jane Fonda Came to Guelph*. That chapbook was published by an ex con and it appeared in print very shortly after I sent him the manuscript. Until the publication of *This is How We See the World*, I hadn't spent much time revisiting the poems therein because the original production quality of the chapbook was subpar.

Like the Beatles who never included their singles on their albums, I rarely if ever included poems that appeared in Chapbooks in my full length volumes. So, I hadn't reread the poems in that particular chapbook much at all if ever until Tai presented the opportunity for me to gather together all my chapbooks for the magnus opus that is This is the Way We See the World. It's fascinating to me how many of the poems you have chosen as personal favourites come from that little collection.

46

When it was published it was simply photocopied from the original typed poems and stapled together rather roughly. So, like finding a pearl wrapped in an oil rag, revisiting these poems here is a true discovery for me."

Lovely Woman in the Lake, My Wife, My Love

Where you move
water is desire – desire water
and for me, a kind of liquid everywhereness
fluxed within contours
inner motions and the softened fulcrums of your sex
all flag and wind
is man
caught up, his architecture
aping strength
until the instant of forgetting
(a blood pulse in the drumming dark)
he would live for your body
like a soul possessed
reside within the incredible dominion of your flesh
thinking about being alive
and nothing else.

11

LA AFRODISIA BROTA LENTAMENTE, como las letras que el poeta moldea elegantemente, una a una, en su inspirada oda a Cathy en el poema a continuación. Es este un poema que gotea agua de manera sensual – recuerden el Cantar de los Cantares: "Me levanté para abrirle a mi amado, y mis manos goteaban mirra, mis dedos con mirra fluyendo, en la manilla del cerrojo. Abrí la puerta para mi amado..." (*La Sagrada Biblia - www.biblegateway.com/passage/?search=Song...Songs*) – donde el poeta explota hábilmente este elemento.

El lago y la "Hermosa mujer" se unen: "Donde te mueves / el agua es deseo – el deseo es agua". El poeta queda atrapado en la vista que disfruta y talla un lenguaje figurado indetenible que es como magia. Las últimas tres líneas son inmortales, porque el poeta explicita lo que siente, a lo que aspira.

"Hermosa mujer en el lago, mi esposa, mi amor" lo tomé del mismo pequeño libro, El día que Jane Fonda vino a Guelph. Ese libro se publicó por un ex convicto y apareció impreso un poco tiempo después de haberle enviado yo el manuscrito. Desde la publicación de Así es como vemos el mundo, yo no había pasado tiempo reexaminando los poemas en el libro porque la calidad de producción del libro original era inferior.

Como los Beatles que nunca incluyeron sus singles en sus álbumes, yo casi nunca incluía poemas que aparecían en libros pequeños en volúmenes más largos. Por ello, no había releído los poemas en ese libro en particular realmente hasta que Tai me dio la oportunidad de reunir todos esos pequeños libros para la obra cumbre que es Así es como vemos el mundo. Es fascinante para mí como muchos de los poemas que has escogido como favoritos tuyos vienen de esa colección.

Cuando se publicó fue sencillamente fotocopiado de los poemas originales tecleados y grapados de manera más bien rápida. Entonces, como cuando encontramos una perla envuelta en un trapo de grasa, retomar estos poemas aquí es un verdadero descubrimiento para mí".

Hermosa mujer en el lago, mi esposa, mi amor

Donde te mueves
el agua es deseo – el deseo es agua
y para mí, una suerte de ubiquidad líquida
fundida a los contornos
movimientos interiores y los suaves fulcros de tu sexo
todo bandera y viento
es el hombre
atrapado, su arquitectura
simulando fortaleza
hasta el instante del olvido
(un pulsar de la sangre en la el rasgueo de la oscuridad)
él viviría para tu cuerpo
como un alma poseída
residiría dentro del increíble dominio de tu carne
pensando en que está vivo
y en nada más.

– 12 –

ABOUT OUR NEXT POEM, LEE REMINISCED:

"The Sad Mathematics of Our Lives"... ends using a phrase my grandmother Busteed favoured. Whenever I asked her how she was doing, even at the end of her life when many of the pleasures of life had been stolen from her by time and the aging of her body, she being widowed, and mostly blind, she always replied "I just count my blessings." And she was not being ironic.

That profound gratitude expressed without even a hint of irony, coupled with my own experience as a young father carrying the precious bundle of my son in my arms, fallen asleep in the car, carried from car to house to be deposited in the cottage bed ... these images return to me as I reread this poem. The sounds of the night, the shelter of my own loving arms cradling my child, the passage of time which cannot be held back. "the sad mathematics" like all joyful sorrows, like all melancholy jubilation, that tension between wanting to hold onto the moment and the surrendering to what is inevitable. Cherish and be grateful."

YES. IN THE END WE MUST "COUNT OUR BLESSINGS." When we feel we cannot hold out any more, we must be certain that God will never give us more than we can handle, that we are still alive while many others have lost and are losing their beloved ones. This poem is about fortitude, faith, hope. It is about standing up and resisting, mentally, physically, sheltered in the love we have around us and the details that make up our lives. And, it is also, and beautifully, about Lee acknowledging and thanking his family, about a poet who has learned from them, which has been systematically evidenced in his work.

The Sad Mathematics of Our Lives

At journey's end
after the muffled thud of car doors
when these children
are brought bundled in sleep and half sleep
hefted victims of the night
drugged in radio light
time smouldering in a dream
under stars
heartbroken by the logic of clocks
and the sad mathematics of our lives
we count our blessings.

– 12 –

SOBRE NUESTRO PRÓXIMO POEMA EL POETA RECUERDA:

""La triste matemática de nuestras vidas" ... termina con una frase que a mi abuela Busteed le gustaba. Cada vez que le preguntaba cómo le iba, incluso al final de su vida cuando muchos de los placeres de la vida le habían sido hurtados por el tiempo y el envejecimiento de su cuerpo, ella que era viuda, y estaba bastante ciega, siempre respondía "Doy gracias por lo que tengo". Y no era irónica.

Esa profunda gratitud expresada sin una pizca de ironía, junto a mi propia experiencia como un joven padre que llevaba el preciado lote de mi hijo en mis brazos, dormido en el carro, llevado del carro a la casa para acostarlo en la cama de la cabaña ... estas imágenes regresan a mí mientras releo el poema. Los sonidos de la noche, el refugio de mis amorosos brazos acunando a mi niño, el paso del tiempo que no puede ser detenido. "la triste matemática como todos los jubilosos dolores, como todo alborozo de melancolía, esa tensión entre querer aferrarse al momento y la entrega a lo que es inevitable. Aprecia y sé agradecido".

SÍ. AL FINAL TENEMOS QUE "ESTAR AGRADECIDOS POR LO QUE TENEMOS". Cuando sentimos que no aguantamos más, tenemos que tener la certeza de que Dios nos pone pruebas pero no nos ahoga, de que estamos todavía vivos mientras que muchos otros han perdido o están perdiendo a sus seres queridos. Este poema es sobre la fortaleza, fe, esperanza. Es sobre levantarse y resistir, mentalmente, físicamente, refugiados en el amor que nos rodea y los detalles que conforman nuestras vidas. Y, es también, y de manera hermosa, sobre Lee reconociendo y agradeciendo a su familia, sobre un poeta que ha aprendido de ellos, lo que se evidencia de forma sistemática en su trabajo.

La triste matemática de nuestras vidas

Al finalizar la jornada
después del ruido amortiguado de las puertas de los carros
cuando estos niños
los llevamos envueltos en el sueño y medio dormidos
víctimas en brazos de la noche
narcotizados en la luz del radio
el tiempo ardiendo lentamente en un sueño
bajo las estrellas
con los corazones rotos por la lógica de los relojes
y la triste matemática de nuestras vidas
agradecemos lo que tenemos.

– 13 –

OUR NEXT PIECE IS LEE THE EXPLORER-POET.

"The Place Where Poets Pause" was written – according to Lee's fascinating account –

"… in a lull between walking and slogging and trudging and struggling in the Arctic on the Weasel River trail on Baffin Island. We walked in the river valley where the Weasel flowed between two mountain ranges sometimes called 'the Arctic Rockies." The wind was always high, the waters roaring, the day cool though brilliant, the weather sometimes inclement even in July when the heat of the day at the sun's zenith never exceeded 10 degrees Celsius, though the wind-chill sometimes cut to the bone.

Where we walked was a relatively lifeless landscape. The caribou had abandoned the region 40 years before. If we saw wildlife at all it was Arctic buntings who nested high in the cliffs, or ravens, one arctic hare, one track of an arctic fox, a single wrack of bones from a long ago dead caribou skeleton, the landscape greening a little and turning purple with saxifrage. And yet, that wonderful solitude and self-satisfaction that comes with struggle and what the body achieves when pushed to its limit.

The spiritual rewards that feed the soul when it is most alone and self-conscious of being swallowed up in natural beauty. And that lonely arctic willow, LIFE in an inhospitable place of frozen tundra, mountain scree, river stone, glacial runoff, blue/white glaciers calving loudly and echoing along the valley, the awareness that comes as a gift when the mind is visited by deep-going experience in service of deep need, and the poet, grateful to have the words to capture that in flight…"

WHEN I READ THIS POEM, I FELT AGAIN THE PURDIAN ECHO I referred to previously. In addition, we see an inspired poet, fascinated by the surroundings, which stand as a wonderful poetic stimulation to write. Lee realizes places like this give a second wind to writers, those "spiritual rewards that feed the soul" as Lee calls them. The context is perfect for a renewed try at creating poetry, while the poet engages in the awesome sight of the "battle of blossoms like wrestling daughters careless of their party dresses."

The Place Where Poets Pause

This is the place
where poets pause
to catch their wind
lean on their walking sticks
to consider the world
in the green meadow
among the moraines and eskers
beside the roaring river
beside the windy lake
after climbing the slip of scree
between snow-topped horns
breathing fast and hard
in the crack of glaciers
in the roar of waters
in the whispering of the world
above the Weasel.

This is the place
midst the dumb tongues of ice
where poets lie back on the lichen
while singing springs
carry their sputtering octaves
pool to pool
where buntings wing
and nest their naked squab
in down
and the fox-tracked sand

slides below a lemming stitch
and poets push their breath
to see the tiny gnarled willow
old red-fingered fellow clinging to his rock
to see the battle of blossoms
like wrestling daughters
careless of their party dresses.

– 13 –

NUESTRA PIEZA SIGUIENTE ES UN LEE EXPLORADOR-POETA.

"Donde los poetan se detienen" se escribió – según el relato fascinante de Lee –

"... en un sosiego entre caminar y avanzar con dificultad y pesadez y luchar en el Ártico por la ruta del Río Weasel en la Isla Baffin. Caminamos por el valle del río donde el Weasel fluía entre dos cordilleras llamadas a veces 'Las Rocosas Árticas'. El viento siempre estuvo fuerte, las aguas rugientes, el día fresco pero brillante, el tiempo algunas veces inclemente incluso en julio cuando el calor del día al momento del zénit nunca excedió los 10 grados Celsius, aunque el frío del viento algunas veces llegaba a los huesos.

Por donde caminábamos era un paisaje relativamente sin vida. Los caribúes habían abandonado la región hace cuarenta años. Si acaso veíamos vida salvaje eran escribanos del Ártico que hacían sus nidos alto en los acantilados, o cuervos, una liebre del Ártico, una huella de un zorro del Ártico, y una sola ruina de huesos del esqueleto de un caribú muerto hacía mucho tiempo, el paisaje reverdeciendo un poco y tornándose púrpura con saxífragas. E incluso así, aquella maravillosa soledad y autosatisfacción que nos viene con la lucha y lo que el cuerpo logra cuando es llevado al límite.

Las recompensas espirituales que nutren el alma cuando está mayormente sola y auto-consciente de que podría ser absorbida por la belleza natural. Y aquel solitario sauce Ártico, VIDA en un lugar inhóspito de tundra congelada, pedregal de la montaña, piedras del río, escurrimiento glacial, glaciares azul/blanco desprendiéndose escandalosamente y resonando por todo el valle, la comprensión que llega como un regalo cuando a la mente la visita la experiencia una experiencia que penetra profundo al servicio de una recóndita necesidad, y el poeta, agradecido de tener las palabras para capturar todo eso en pleno vuelo..."

CUANDO LEÍ ESTE POEMA, SENTÍ EL ECO DE PURDY al que me referí anteriormente. Además, vemos un poeta inspirado, cautivado por lo que le rodea, que se alza como una especial motivación poética para escribir. Lee se da cuenta que lugares como este le dan un segundo aire a los escritores, esas "recompensas espirituales que nutren el alma" como les llama Lee. El contexto es perfecto para un renovado intento de crear poesía, mientras el poeta se concentra en la impresionante vista de la "batalla de los capullos como hijas luchadoras a quienes no les importan sus vestidos de salir".

Donde los poetas se detienen

Este es el lugar
donde los poetas se detienen
para atrapar su viento
se apoyan en sus bastones
para contemplar el mundo
en la verde pradera
entre las morrenas y las escarpaduras de sedimentos
cerca del rugiente río
al lado del lago azotado por el viento

después de subir el deslizamiento de pedregal
entre cuernos cubiertos de nieve
respirando rápido y fuerte
en las grietas de los glaciares
en el rugido de las aguas
en el susurro del mundo
sobre el Río Weasel.

Este es el lugar
en medio de las mudas lenguas de hielo
donde los poetas se reclinan sobre el liquen
mientras riachuelos cantores
llevan sus octavas agitadas
de charco en charco
donde los escribanos pasan volando
y anidan sus desplumados pichones
allí
y la arena con huellas de zorro
se desliza debajo de un surco de lemmings *
y los poetas pulsan su aliento
para ver el diminuto sauce nudoso
el viejo compañero de dedos rojos aferrándose a su roca **
para ver la batalla de los capullos
como hijas luchadoras
a quienes no les importan sus vestidos de salir.

*El vocablo "lemming" se usa en español también. Hace referencia
a tipos de roedores, entre los que está el conejo de Noruega, que son pequeños
y pertenecen a la familia Cricetidae. Habitan principalmente en las
regiones septentrionales y polares de Norteamérica y Eurasia*

*** Referencia al mimbre rojo*

– 14 –

UNIVERSE AND NATURE ARE DESCRIBED and related in seven lines – a Biblical-seven allusion? – where the poet uses attractive images like "the moon has lost her clock," poetically giving a personification symbolism to the satellite. The poet himself pauses to contemplate what he has been able to hold in his hand and sigh into a poem: "… the water colder for that hour / where the bunting flutters / and goes quiet."

LEE RECALLS,
""Starless and Blue at Midnight," to experience 24 hours of daylight for the first time, and not to suffer the insomnia that sometimes visits those who are not accustomed to the vulgar interruption of the circadian rhythms of daylight and darkness in service to the body longing for sleep, and similarly to experience how the streams flowing down from the glaciers change, flowing fast and swift and wide at noon, and then with the sun low on the horizon skipping on the surface of the earth like the dapping of a brilliant stone, and to realize that even that small shift in temperature has such a dramatic effect on the melt water. Only in the desert have I ever experienced anything like such a variation in weather that occurs every day and every night. And of course, the tundra is a desert, every bit as much as Wadi Rum is a desert."

HE CHARMINGLY BONDS IN ONE SCENE the "Baffin skies," "midnight," "the moon," "the mountains," "the water," even "that hour" and the fluttering "bunting." It is an observant, all-inclusive apprehension by the poet of what surrounds him at midnight: scenarios, phenomena, nature (fauna and landscape), time, open spaces ("skies") and references to absent objects ("starless"). The poet pans around the vista, from upper-layer observation through more earthward, far sights, to closer land "companion": "the water colder…," and in-mid-air creature that complies to the hour and "flutters and goes quiet" – in the seventh line… Peace soars in place and time.

Starless and Blue at Midnight

Baffin skies
starless and blue at midnight
the moon has lost her clock
hiding among the mountains
the water colder for that hour
where the bunting flutters
and goes quiet

– 14 –

UNIVERSO Y NATURALEZA SE DESCRIBEN y se conectan
en siete líneas – ¿una alusión al siete Bíblico? – en las que el
poeta utiliza atractivas imágenes como "la luna ha perdido su
reloj", confiriéndole poéticamente un simbolismo de personifi-
cación al satélite. El mismo poeta se detiene para contemplar lo
que ha sido capaz de tomar en su mano y suspirar en un poema:
"… el agua más fría en esa hora / donde el escribano revolotea
/ y se queda inmóvil".

LEE RECUERDA,
""Sin estrellas y azules a medianoche", experimentar veinti-
cuatro horas de luz por vez primera, y no sufrir el insomnio que
a veces visita a aquellos que no están acostumbrados a la vulgar
interrupción de los ritmos circadianos de luz del día y oscuridad
al servicio del cuerpo que anhela dormir, y así mismo experi-
mentar como las corrientes que fluyen desde los glaciares
cambian, corriendo rápidos y raudos y anchurosos al mediodía,
y luego con el sol bajo sobre el horizonte saltando sobre la
superficie de la tierra como el rebote de una reluciente piedra, y
darse cuenta que incluso esa pequeña variación de la
temperatura tiene tal efecto dramático en el agua derretida. Solo
en el desierto he experimentado algo como esa variación del

clima que ocurre cada día y cada noche. Y por supuesto, la tundra es un desierto, cada parte tanto como Wadi Rum es un desierto".

EL POETA FUSIONA CAUTIVADORAMENTE EN UNA ESCENA los "cielos de Baffin", "la medianoche", "la luna", "el agua", incluso "esa hora" y el revoloteo del "escribano". Es una percepción observadora, abarcadora del poeta de lo que le rodea a medianoche: escenarios, fenómenos, la naturaleza (fauna y paisaje), el tiempo, espacios abiertos ("los cielos") y referencias a objetos ausentes ("sin estrellas"). El poeta hace un paneo de la vista, con una mirada desde arriba pasando por una más cercana a la tierra, vistas lejanas, hasta la "compañía" de tierra más próxima: ""el agua más fría...", y una criatura en pleno vuelo que se atiene a la hora y "revolotea y se queda inmóvil" – en la línea siete... La paz asciende en su sitio y momento.

Sin estrellas y azules a medianoche

Los cielos de Baffin
sin estrellas y azules a medianoche
la luna ha perdido su reloj
escondida entre las montañas
el agua más fría en esa hora
cuando el escribano revolotea
y se queda inmóvil

OF ALL OF LEE'S ANALYSES OF THE WHY OF HIS POEMS, our next one seems to have been particularly indelible to him. Let's see what he says, ""Loneliness as an Art," in my book *An Almost Silent Drumming*, just as "The Echo of Your Words Has Reached Me" was almost entirely written while I was trekking the Weasel in the Arctic, this small book was written entirely while I was in South Africa. I had been invited to come to Witwatersrand University by the English Department there where I gave a lecture and read poems.

Cathy and I stayed with a secretary from the university at her home in suburban Johannesburg. While we were in South Africa we had occasion to visit Pretoria, to visit an Ndebele village, to walk in Soweto, and to spend a week on photography safari in a game reserve where the animals roamed free. Although the experience was wonderful, I confess I have never been to a nation so much like the United States in my life. Although apartheid had ended, and Nelson Mandela had already finished his term as president, the place where we stayed in a gated community was one of razor wire and isolation, fear of fellow citizens, a fear we refused as best we were able.

I spent more time than I wished to, sitting by the pool, next of a wall topped by razor wire, locked in. And yet it remains one of the most beautiful landscapes in the world. This poem reminds me of how I decided to defeat isolation, loneliness and fear. After returning home to Canada, and after the publication of the book, I sent a copy to Desmond Tutu and Nelson Mandela. I received letters of praise and thanks from both of these most admirable men. Indeed, I carried on an email correspondence with Desmond Tutu for several years and I always cherished his sign off, which echoed my own. I always signed off "God Bless you, Desmond Tutu" and he always signed off, "God Bless you."

THE POEM SOMEHOW REVISITS the poet's conceptions of how solitude and contrastive realizations can be catalysts towards creative moments nurturing the soul, or as Lee says, "loneliness as an art of the spirit." Lee is caught in an ambivalent situation, which triggered the lines that follow. The poet was celebrated for his capacity to grasp the experience and pour it out, grateful, as he has told me, to have the words to capture it.

Loneliness as an Art

I have
heard
how loneliness
as an art
of the spirit
might
show us truth.
Some of us
are such
solitary liars
our soul
becomes a breathless stranger
exhausted
by the company of one.

– 15 –

DE TODOS LOS ANÁLISIS DE LEE DEL PORQUÉ DE SUS POEMAS, nuestro poema siguiente parece ser particularmente imborrable para él. Veamos lo que dice, ""La soledad como arte", en mi libro *Un repiqueteo casi silencioso*, al igual que "El eco de tus palabras ha llegado a mí" lo escribí casi completamente mientras caminaba por el Río Weasel en el Ártico, este pequeño libro lo escribí enteramente estando en Sudáfrica. Me había invitado a venir a la Universidad de Witwatersrand el Departamento de Inglés para dar una conferencia y leer poemas.

Cathy y yo nos quedamos con una secretaria de la universidad en su casa en el Johannesburgo suburbano. En el tiempo que estuvimos en Sudáfrica tuvimos la ocasión de visitar Pretoria, visitar una aldea Ndebele, caminar por Soweto, y pasar una semana en un safari de fotografía en una reserva de caza donde los animales andaban libres. Aunque la experiencia fue maravillosa, confieso que nunca en mi vida he estado en una nación tan parecida a los Estados Unidos. Aun cuando el Apartheid había terminado, y Nelson Mandela había concluido ya su periodo de mandato como presidente, el lugar donde nos quedamos en un conjunto residencial cerrado era de alambre con cuchillas y de aislamiento, miedo a los conciudadanos, un miedo que negamos lo mejor que pudimos.

Pasé allí más tiempo del que hubiera querido, sentado en la piscina, cerca de un muro con alambre de cuchillas en la parte superior, encerrado. Y sin embargo sigue siendo uno de los paisajes más hermosos del mundo. Este poema me recuerda como decidí derrotar el aislamiento, la soledad y el miedo. Luego de regresar a casa en Canadá, y luego de la publicación del libro, les envié una copia a Desmond Tutu y Nelson Mandela. Recibí cartas de elogio y agradecimiento de esos dos admirables hombres. De hecho, mantuve un intercambio de correspondencia con Desmond Tutu por muchos años y siempre aprecié su despedida, que me recordaba la mía. Yo siempre me despedía "Dios te bendiga, Desmond Tutu" y él siempre se despedía, "Dios te bendiga a ti".

EL POEMA DE ALGUNA MANERA REEXAMINA las concepciones del poeta sobre como la soledad y discernimientos contrastados pueden ser catalizadores hacia momentos creativos que nutren el alma, o como Lee dice, "la soledad como arte del espíritu". Lee queda atrapado en una situación ambivalente, la cual provocó las líneas a continuación. El poeta fue elogiado por su capacidad para absorber la experiencia y verterla, agradecido, como me ha dicho, de tener las palabras para capturarla.

La soledad como arte

He
oído
que la soledad
como arte
del espíritu
podría
mostrarnos la verdad.
Algunos de nosotros
somos unos
embusteros solitarios
nuestra alma
se vuelve un extraño sin aliento
exhausto
de la compañía de uno.

– 16 –

"WHILE ON SAFARI WE STAYED IN A CABIN outside of the compound where the animals roamed freely. Every morning after breakfast we got into a van I had rented and drove through the gates into the open area (thousands of acres of wilderness) and drove in search of animals. We were strongly reminded to stay in our vehicle. All violators will be eaten. The only truly fearful moment came when we were in amongst a pride of elephants feeding on trees. One elephant turned his head to the sound of a distraction, thereby leveling a tree with the sweep of his head.

Then they decided to cross over the road where we were sitting. It was very clear that they intended to simply walk and nothing as trivial as a vehicle would stand in their way. They'd simply walk through it or over it as if it weren't there. So, this poem concerns the predator, nature red in tooth and claw. Here in North America, in proximity to the United States and the Disnefication of nature, we might suffer from a romantic notion of the peaceable kingdom and the original garden where the lion lay down with the lamb.

Africa has no such illusions. The lion will eat you, no matter whether you are a poet or a princess. And that final glorious insouciance of stars in contrast to some of the previous sentiments in my "snowflake factor" thinking, this paradox of being both precious to the universe and being entirely expendable. The idea of nature's most beautiful and majestic creature, the king of beasts, the African lion, would take a baby into the bush and eat it as easily as a wounded gnu."

THE ABOVE WERE THE THOUGHTS shared by Lee with me on his poem "Taken." Impressed by the scene he vividly describes and awed by the awareness of how true his words are, "… this paradox of being both precious to the universe and being entirely expendable. The idea of nature's most beautiful and majestic creature, the king of beasts, the African lion, would

take a baby into the bush and eat it as easily as a wounded gnu,"
I never doubted it to be one of my favourites.

The poet manages to make us understand the lion's logic, as
much as it is nature's logic too. Creatures of the "second
nature" —society, we however do not escape the "glorious
insouciance of stars" in a universe that brought us to existence
yet can easily deprive us of it by mere accident or random whim.
"Taken" is a masterpiece in its perception, meaning and the
crushing factuality of it being an ominous probability.

Taken

In the mind of the lion
the entire floor of available earth
is a banquet.
It matters not
whether we are poets
or pious strangers.
She will take us as a huntress
at our prayers
and make a foolish martyrdom
of grace.
The child, her mother
the silly simpering debutante
pausing at the virtue
of a water face
adjusting her hips
to tease her gait
and make an envious vanity
of walking watched ...
There is no poverty
so penurious the lioness will not fell it
no wealth
she'll pass.
She'll humble all her hungers
to one belief of beggars
under a glorious insouciance of stars.

– 16 –

"ESTANDO DE SAFARI NOS QUEDAMOS EN UNA CABAÑA en las afueras del complejo donde los animales andaban libremente. Cada mañana luego del desayuno nos metíamos en una camioneta que yo había alquilado y nos íbamos más allá de las puertas hasta el área abierta (miles de acres de jungla) y manejábamos en busca de animales. Nos recordaban insistentemente que nos quedáramos en el vehículo. Quienes infringen son devorados. El único verdaderamente tremendo momento fue mientras estábamos entre una manada de elefantes que comían de los árboles. Uno de los elefantes viró la cabeza con el sonido de una distracción, derribando en el acto un árbol con un barrido de su cabeza.

Luego decidieron cruzar el camino donde estábamos sentados. Estaba bien claro que simplemente querían pasar y nada tan trivial como un vehículo se interpondría en su camino. Solo pasarían a través de este o sobre este como si no estuviera allí. Por tanto, este poema se refiere al depredador, la naturaleza marcada por los comportamientos brutales. Aquí en Norteamérica, cerca de los Estados Unidos y la naturaleza pasada por el prisma de Disney, podríamos sufrir la noción romántica de un reino pacífico y el jardín original donde el león se acuesta al lado del cordero.

África no tiene tales ilusiones. El león te comerá, no importa si eres un poeta o un príncipe. Y esa última gloriosa indiferencia de las estrellas contrasta con algunos de los sentimientos anteriores de mi pensamiento "factor del copo de nieve", esta paradoja de ser tanto valioso para el universo como totalmente prescindible. La idea de que la criatura de la naturaleza más hermosa y majestuosa, el rey de los animales, el león africano, llevaría un niño hasta un arbusto y se lo comería tan fácilmente como si fuera un antílope africano".

FUERON ESTOS LOS PENSAMIENTOS que Lee compartió conmigo sobre su poema "Raptado". Impresionado por la escena que describe vívidamente e impresionado por la comprensión de cuán reales son sus palabras, "... esta paradoja de ser tanto valioso para el universo como totalmente prescindible. La idea de que la criatura de la naturaleza más hermosa y majestuosa, el rey de los animales, el león africano, llevaría un niño hasta un arbusto y se lo comería tan fácilmente como si fuera un antílope africano". Nunca dudé en que este sea uno de mis poemas favoritos.

El poeta logra hacernos entender la lógica del león, como mismo es una lógica de la naturaleza también. Las criaturas de la "segunda naturaleza" –la sociedad, sin embargo no escapamos a la "gloriosa indiferencia de las estrellas" en un universo que nos trajo a la vida pero que puede fácilmente quitárnosla en un mero accidente o un capricho al azar. "Raptado" es una pieza magistral en su percepción, significado y el aplastante hecho de ser una infausta probabilidad.

Raptado

En la mente del león
todo el suelo de la tierra accesible
es un banquete.
No importa
si somos poetas
o devotos extranjeros.
Nos raptará como una cazadora
en nuestras plegarias
y hará de la merced
un sufrimiento absurdo.
El niño, su madre
la tontamente risueña debutante
detenida ante la virtud
de un rostro de agua
ajustando sus caderas
para tentar con su paso
y volver una vanidad de codicia
el caminar siendo observada ...
No hay pobreza
tan mísera que la leona no derribe
ni riqueza
que deje pasar.
Doblegará toda su hambre
al credo de un mendigo
bajo la gloriosa indiferencia de las estrellas.

17

AS MANY BARDS have in the past and today, Lee is no stranger to the queries posed to him by life – and death. The following poem addresses the intriguing issues that haunt the poet and us all.

Classics like Purdy and Acorn looked at the theme in the eye. In my book *In a Fragile Moment: Essays and Reviews on Canadian Poetry* (Hidden Brook Press, 2020) I said about Acorn, "Acorn addresses a theme other poets have in their works. Acorn wonders about the "keys of being" and acknowledges their complex, quasi-enigmatic character... The winding, riddling substance of life and being perplexed the poet... Like so many, he wonders too, human and mortal, at the cosmic questions before him..."

A HALO OF CURIOSITY ENVELOPS LEE TOO, who ponders about his poem: ""An Afterness" is a poem looking into the mystery before you are born, what are you, where are you, and after you die, what are you, where are you? This temporary ephemeral incarnadine consciousness caught between beauty and terror. And what is that lacunae? That hiatus? That long pause?"

LEE ACKNOWLEDGES WHAT IS HAPPENING deep down in the "silent drumming of this human heart," and opens for us the burning question, for which *he knows the answer*, or at least *knows how* to attain it, to *fill* the "the long lacunae of an afterness." As prophetic as he is Biblical in his lines, we are invited by Lee to "**seek and find** and soothe so lovingly..."

An Afterness

I hear
an almost silent drumming
of this human heart
and know
it is my own.
And then
between the quickening
and the slowing
of sleep
between the rising
and lulling
of that excited inner touch
with all the thump
and thrum
of something captured
in the dark
I'm lost
between
the fearing of the known
and unknown ecstasies of life
as at the end of every
measuring
the stilling pulse
will seek and find and soothe so lovingly
the long lacunae of an afterness.

– 17 –

COMO TANTOS BARDOS lo han hecho en el pasado y hoy, Lee no es ajeno a las interrogantes que la vida – y la muerte – le ponen. El siguiente poema se acerca a los enigmáticos problemas que acechan al poeta y a todos nosotros. Clásicos como Purdy y Acorn miraron este tema de frente. En mi libro *En un frágil momento: Ensayos y reseñas sobre poesía canadiense* (Hidden Brook Press, 2020) dije sobre Acorn, "Acorn se acerca a un tema que otros poetas tienen en su trabajo. Acorn se pregunta sobre "las claves del existir" y reconoce su carácter complejo, cuasi-enigmático... La tortuosa, desconcertante sustancia de la vida y el existir dejaron perplejo al poeta... Como muchos, él se pregunta también, humano y mortal, sobre las cuestiones cósmicas ante él..."

UN HALO DE CURIOSIDAD ENVUELVE A LEE TAMBIÉN, quien cavila sobre su poema: ""Un después" es un poema que se fija en el misterio antes de que nazcas ¿qué eres, dónde estás, y después que mueres, qué eres, dónde estás? Esta conciencia temporal efímera carmín atrapada entre la belleza y el terror ¿Y cuál es ese espacio vacío? ¿Ese hiato? ¿Esa larga pausa?

LEE RECONOCE LO QUE SUCEDE profundo en el "silencioso retumbar de este humano corazón", y nos hace a nosotros la pregunta candente, cuya *respuesta él conoce*, o al menos *sabe cómo* obtenerla, para *llenar* "el hondo vacío de un después". Siendo profético y Bíblico en sus líneas, Lee nos invita a **"buscar y encontrar** y reconfortar con ternura..."

Un después

Escucho
un casi silencioso retumbar
de este humano corazón
y sé
que es el mío.
Y entonces
entre el apresuramiento
y el sosiego
del sueño
entre el levantarse
y el adormecimiento
de ese incitado toque interior
con todo el pulsar
y el tamborear
de algo que atrapamos
en lo oscuro
estoy perdido
entre
el temor a los conocidos
y desconocidos éxtasis de la vida
porque al final de cada
mensura
el latido aquietante
buscará y encontrará y reconfortará con ternura
el hondo vacío de un después.

18

THE PHRASE IN THE FOLLOWING POEM, "and walk within your body like a house of many rooms," reminded me of an old Indian proverb based on the metaphorical nearing of our lives' facets to a multi-room house. The proverb cautions to visit and dust every room systematically, and let air in as a health exercise. This is a very evocative poem in more than one sense. It also borders on a surrealistic pinch in Lee's work I have mentioned in other papers, a notion corroborated by his own elucidations on how the poem came to be:

""ECHO'S REVENGE PART I," WAS WRITTEN IN KOREA. Echo refers to the name of my son Dylan's cat. We were in an art gallery visiting the work of a friend of Dylan's wife, Ji, during our visit on the occasion of their marriage. In the gallery, one of the works involved a cascade of blue silk trailing down from where it was fastened to the wall. I made a joke about what would happen if Echo the cat came across that work of art, meant to represent the flowing of imaginary water through imaginary space.

The book in which the poem appears has the title Let Light Try All the Doors. The week prior to our visit to Korea, I had been in France and my rich experience also brought me to visit Thailand later during the week of the composition of this poem. The entire poem came very quickly to my pen, and the line "let light try all the doors" in the opening section of the poem is a mindful play on the conscious relationship between solid matter and the imagination. Memory, dream, cognition, imagination, the primary world and primary experience, recollection and speculation, how the poem captures memory."

THE POEM DOES HOLD A REAL-UNREAL COMPONENT that entices me as a reader. From "Sit very still" forward, the poet guides us into his dream world. There is no longer a "material" reference except maybe that of the "thin white cane." Enjoy the poem:

Echo's Revenge - i

Sit very still
and walk within your body
like a house of many rooms
let light try all the doors
and craft a slowness
where you dream the walls away
and sweep the corners
with a thin white cane
imagine then with such a seeing blindness
all an unseen inner world you hold
against the tip of memory

– 18 –

LA FRASE EN EL POEMA SIGUIENTE, "y caminar dentro
de tu cuerpo como en una casa con muchas habitaciones", me
recordó un antiguo proverbio aborigen basado en la similitud
metafórica de las facetas de nuestras vidas con una casa de
muchas habitaciones. El proverbio aconseja visitar y sacudir el
polvo de cada habitación sistemáticamente, y dejar que el aire
entre como un ejercicio saludable. Es este un poema muy
evocador en más de un sentido. También tiene un toque de
surrealismo que he mencionado de Lee en otros trabajos, una
noción que se corrobora con sus propias elucidaciones sobre
cómo surgió el poema:

""LA VENGANZA DEL ECO PARTE I", LO ESCRIBÍ EN
COREA. El eco se refiere al nombre del gato de mi hijo Dylan.
Estábamos en una galería de arte viendo el trabajo de una amiga
de la esposa de Dylan, Ji, durante una visita en ocasión de su

matrimonio. En la galería, uno de los trabajos incluía una cascada de seda azul que colgaba de donde estaba sujeta a la pared. Dije un chiste sobre lo que pasaría si Eco el gato atravesara esa obra de arte, que representaba el fluir de agua imaginaria a través de un espacio imaginario.

El libro en el que aparece el poema tiene como título Deja que la luz pase por todas las puertas. La semana previa a nuestra visita a Corea, yo había estado en Francia y mi rica experiencia me llevó también a visitar Tailandia más tarde en esa semana en que compuse este poema. Todo el poema me llegó rápidamente, y la línea "deja que la luz pase por todas las puertas" en la sección inicial del poema es un evocador juego con la consciente relación entre la materia sólida y la imaginación. La memoria, el sueño, la cognición, la imaginación, el mundo primario y la experiencia primaria, recuerdo y especulación, cómo el poema captura la memoria".

EL POEMA SÍ TIENE UN COMPONENTE REAL-IRREAL que me cautiva como lector. Desde "Siéntate bien inmóvil" en adelante, el poeta nos guía hasta su mundo de ensueño. Ya no hay un referente "material" excepto quizás el del "delgado blanco bastón". Disfruten el poema:

La venganza de Eco - i

Siéntate bien inmóvil
y camina dentro de tu cuerpo
como en una casa de muchas habitaciones
deja que la luz pase por todas las puertas
y forja una lentitud
donde sueñas que no hay paredes
y barres las esquinas
con un delgado blanco bastón
imagina entonces con tal ceguera vidente
todo un invisible mundo interior que colocas
sobre el ápice de tu memoria

– 19 –

YEARS AGO, I READ TWO BOOKS entitled "Love" and "The Way of the Bull" by an Italian-American, Leo F. Buscaglia. He championed the ideas of the need for a journey into the self and the need for physical contact and open demonstration of affection. He even exemplified with actual anecdotes. Lee made me remember, warmly, those two books. Being Cuban, I proudly have the "affection gene" in my DNA. This is an experience Lee himself, and Canadians visiting our country, have surely had and enjoyed, feeling and finding no traces of "ulterior" motives when adults and children hug and kiss, freed from all doubt or concern.

THIS IS WHAT LEE TELLS US ABOUT THE POEM:
""The Silence of Secret Singing" is a poem inspired by a real experience related to me by a teacher. This is of course a dangerous thing to allow in this day and age when we are all suspicious of the ulterior motives of hugging, touching, caressing that might occur between and adult and a child. This is something I hope I managed to keep out of the poem entirely, though I am painfully aware of its presence in our culture."

THE POEM IS SELF-EXPLANATORY NO MATTER HOW MUCH THE POET tried to imbue a subliminal component to it. It is simply a perceptive photograph – rather a "docu-video" – of real life recorded for posterity. The last two lines leave the reader with a sensation of the poem "... and this" again. What comes after? Why doesn't the heart have a home? Whose heart? What is the moral in the poem? Please, read and ponder:

The Silence of Secret Singing

the teacher
is standing in the playground
when a little girl
she doesn't know
runs up
and hugs her hard from knee to shoe
and looking into her down-turned face
chirps I love you
then races away
like the flittering of a shrub sparrow
this heart
that has no home

– 19 –

HACE AÑOS, LEÍ DOS LIBROS titulados "Amor" y El camino del toro" escritos por un italiano-americano, Leo F. Buscaglia. Defendía las ideas de la necesidad de un viaje hacia el interior de sí mismo y la necesidad del contacto físico y la demostración abierta de cariño. Incluso puso ejemplos con anécdotas reales. Lee me hizo recordar, con calidez, esos dos libros. Por ser cubano, orgullosamente porto el "gen del cariño" en mi AND. Es esta una experiencia que el mismo Lee, y canadienses que visitan nuestro país, seguramente han tenido y disfrutado, sin sentir ni hallar ningún indicio de motivos "ulteriores" cuando los adultos y los niños se abrazan y se besan, libres de toda duda o preocupación al respecto.

HE AQUÍ LO QUE DICE LEE SOBRE EL POEMA:
""El silencio del cantar secreto" es un poema inspirado en una experiencia real que me contó una maestra. Es esto por supuesto algo peligroso de permitir en estos tiempos en que todos sentimos suspicacia de los motivos ulteriores de abrazar, tocar,

acariciar que podrían pasar entre un adulto y un niño. Es algo que espero haber podido dejar fuera del poema totalmente, aunque dolorosamente veo su presencia en nuestra cultura".

EL POEMA ES AUTO-EXPLICATIVO SIN IMPORTAR CUÁNTO EL POETA trató de infundir un componente subliminal al mismo. Las últimas dos líneas dejan al lector con una sensación del poema "... y esto" nuevamente ¿Qué viene después? ¿Por qué el corazón no tiene un hogar? ¿El corazón de quién? ¿Cuál es la moraleja del poema? Por favor, lean y mediten:

El silencio del cantar secreto

la maestra
está parada en el patio de recreo
cuando una pequeña niña
que no conoce
viene corriendo
y la abraza fuerte de las rodillas a los zapatos
y mirando su rostro inclinado
gorjea te amo
y luego se aleja rápidamente
como el aleteo de un gorrión de arbusto
este corazón
que no tiene hogar

– 20 –

LEE'S MAGNIFICENCE IN WRITING allows us to see him as an agile stair-climbing tour guide in Cuba in the poem I conclude my humble study with, "So, this is a place of places": "… we climb the four hundred steps to the Cross of Holguín and Manuel says "So, this is a place of places …" and we stand above the city…"

THE POEM IS VERY SPECIAL TO HIM, AS HE CONFESSES TO ME IN HIS WORDS:
""So, This is a Place of Places," this poem is one of my own personal favourites, and my wife Cathy loves it as well. I have profound affection for this poem because the title is inspired by Manuel, and so I think of him. My companions on the way down from the cross on the hill at Holguín are Cathy and Tai. Manuel and Kim did not accompany us on this trek through the nuisance ground. The corpse of the dog is real, not imagined, and the boy with the heart in his hand, is also real.

The one thing that comes to mind that is not in the poem, though I am reminded of it when I read the poem, is the thirst we experienced in the Cuban heat, coming down from the cross through the Cuban heat, with the sun at its zenith, and we were without water. Upon arriving at the foot of the trail, Richard led us to a store where we purchased water. We then traveled on to Manuel's house.

It was the first occasion of my visiting his home, his 'cave'. That evening we dined with Manuel and a dozen poets, Miriam read, as did everyone in the group, a friend of Manuel's performed on his guitar. We feasted on the generous bounty of Manuel and Adonay, in the long room off the kitchen. It was a wonderful evening, and afterwards Richard wept softly to realize the generosity or our beloved brother Manuel and his beautiful in body and in spirit wife Adonay. Of all the poems you selected, this one is very special to me."

So, this is a place of places ...

(For Manuel and Tai)

we climb the four hundred steps
to the Cross of Holguín
and Manuel says
"So, this is a place of places ..."
and we stand
above the city
looking east where the sun
is laving the neighbourhood
and staining the squares
like the light
lacquering of old wood
for the restoration of a much-loved dollhouse village
another day
we descend to the west
follow a crumbled trail
down the green stone
pathway knobbed
with bone and broken glass
and ancient coral from the sea
we are coming down
through the nuisance ground
with its frail rust
and tin aromas
its pungent swill of vegetative rot
and paper scuttle sounds
when I see
the gyre of ravens
hovering and circling
over the blackened body
of a bent-ribbed dog
disarticulated by maggot work
and the carrion hunger

of those scavenging shadows
as I pass
I look and take in
the final sneer of canus lupus
many days dead
and I think of the night
with its tongue of stars
and the sorrowful solitude
of that morbid moment
of his passing
that full exhale of his
final lying down
and am sad
not to have been there
to give comfort
as my companion says
"see there"
pointing to the green valley
dividing the urban boroughs
"to the left of that bottleneck
is where the poorest of the poor live
you will know them
by their naked children"
and I hear
a sudden laughing in the street
where a shirtless boy
with a heart in his hand
a heart which is
hand sized—a goat's heart
I think, or perhaps a sheep's—
comes chasing the joy of his own way home.

HE WROTE "SO, THIS IS..." INSPIRED BY CUBA –
Holguín, The Hill of the Cross – above all inspired by a mixture
of beauty, stark realities and friendship, both right before him in
a moment of special significance. This is how Lee remembers
the moment when Manuel's phrase stayed with him: "The phrase

"so this is a place of places," was purely conversational... my Cuban companion Manuel said to me "so this is a place of places." He simply said it in casual acknowledgement of the importance of that particular locale. I immediately stored it away in my mind bank for future reference..."

There was beauty in the friend's words, "So, this is a place of places ..." setting it as a landmark, as there was beauty in "the sun is laving the neighborhood..." The poet builds distinctive experience upon experience as they move beyond, pushing into the kiln of poetry images apparently disparate yet melted in Lee's foundry.

To complete this aesthetic fabric, the poet backstitches into the end of the poem a reality of social implications entrenched in the Cuban stained-glass, where joy – a typically colorful Cuban trait – closes the piece. In "Apotheosis" – a piece he emailed to me – Lee recalls what he saw and later became the poem, "The boy moving through the street with a heart in his hand is an image based upon a boy we saw that day happily carrying his purchase, which was clearly a heart..."

A comment John B. Lee made to me in an email reads, "I am grateful to have had the opportunity to write the poems that visit my desk and flow through my pen. I am simply a vessel, and I am thankful when the muses visit." In reading "So, this is a place of places," dedicated to Manuel Velázquez and Richard Grove (Tai), two of his dearest friends, who were standing next to him, you will notice the muses fluttering, you will see the human vessel hold words that flow through his pen and pause to delight us, as always. This is a poem of poems I hope you enjoy.

– 20 –

LA MAGNIFICENCIA DE LEE EN LO QUE ESCRIBE nos permite verlo como un ágil guía de turismo subiendo escaleras en Cuba con el poema que cierra mi modesto análisis, "Así que este es el sitio de sitios": "... subimos los cuatrocientos peldaños hasta la Cruz de Holguín y Manuel dice "Así que este es el sitio de sitios..." y estamos parados sobre la ciudad..."

ESTE POEMA ES MUY ESPECIAL PARA ÉL, COMO ME CONFIESA EN SUS PALABRAS:
""Así que este es el sitio de sitios", este poema es uno de mis favoritos personales, y a mi esposa Cathy también le gusta. Siento un cariño profundo por este poema porque el título está inspirado por Manuel, y me hace pensar en él. Mis acompañantes mientras descendíamos de la cruz sobre la loma de Holguín son Cathy y Tai. Manuel y Kim no nos acompañaron en esta caminata a lo largo del pesado terreno. El cadáver del perro es real, no imaginado, y el chico con el corazón en la mano, también es real. Lo que viene a la mente que no aparece en el poema, aunque me recuerdo de ello cuando lo leo, es la sed que teníamos en el calor de Cuba, bajando de la cruz entre el calor cubano, con el sol en el zénit, y no teníamos agua. Al llegar al pie del sendero, Richard nos llevó a una tienda donde compramos agua. Luego seguimos para casa de Manuel.

Era la primera vez para mí que visitaba su hogar, su 'cueva'. Aquella tarde comimos con Manuel y una docena de poetas, Miriam leyó, como todos los del grupo, un amigo de Manuel tocó la guitarra. Fiesteamos en la generosa prodigalidad de Manuel y Adonay, en la larga habitación al lado de la cocina. Fue una tarde maravillosa, y luego Richard sollozó suavemente al darse cuenta de la generosidad de nuestro querido Manuel y su hermosa en cuerpo y alma esposa Adonay. De todos los poemas que escogiste, este es muy especial para mí".

Así que este es el sitio de sitios ...

(Para Manuel y Tai)

subimos los cuatrocientos peldaños
hasta la Cruz de Holguín
y Manuel dice
"Así que este es el sitio de sitios ..."
y estamos parados
sobre la ciudad
mirando el este donde el sol
baña el barrio
y tiñe las plazas
como la luz
que aplica laca a la vieja madera
para restaurar una amada villa como casa de muñecas
otro día
bajamos al oeste
seguimos un sendero desintegrado
por el abultado camino
de verde roca
con huesos y cristales rotos
y antiguo coral del mar
bajamos por el pesado terreno
con sus débiles aromas
de óxido y lata
su basura acre de podredumbre vegetal
y sonidos de papel en remolinos
cuando veo
el círculo de cuervos
sobrevolando y rondando
el cuerpo ennegrecido
de un perro con las costillas dobladas
desmembrado por el trabajo de los gusanos

y el hambre por lo pútrido
de esas sombras carroñeras
mientras paso
miro y me fijo
la postrer sonrisa burlona del can
ya muerto hace días
y pienso en la noche
con su lengua de estrellas
y la dolorosa soledad
de ese mórbido momento
de su muerte
aquella exhalación total de su
última echada sobre al suelo
y estoy triste
por no haber estado allí
para reconfortarle
como dice mi acompañante
"mira allí"
señalando el verde valle
que divide los barrios
"a la izquierda de ese cuello de botella
es donde viven los más pobres de los pobres
los reconocerás
por sus hijos desnudos"
y escucho
una repentina carcajada en la calle
donde un chico sin camisa
con un corazón en la mano
un corazón que es
del tamaño de una mano—el corazón de un chivo
creo, o quizás de una oveja—
viene persiguiendo el júbilo de su propio camino a casa.

ESCRIBIÓ "ASÍ QUE ESTE ES..." INSPIRADO EN CUBA –
Holguín, La Loma de la Cruz – sobre todo inspirado por una
mezcla de belleza, fuertes realidades y la amistad, ambas frente

a él en un momento de especial significado. Así es como Lee recuerda el momento en que la frase de Manuel se quedó en él: "La frase "así que este es el sitio de sitios", fue puramente una conversación... mi acompañante cubano Manuel me dijo "así que este es el sitio de sitios". Simplemente lo dijo en un reconocimiento de pasada de la relevancia de ese lugar en especial. Yo lo guardé inmediatamente en el banco de mi memoria para referencias futuras..."

Había belleza en las palabras del amigo, "Así que este es el sitio de sitios ..." señalándolo como un hito, ya que había belleza en "el sol baña el barrio..." El poeta construye experiencia tras experiencia distintiva a medida que avanzan, introduciendo en el horno de la poesía imágenes aparentemente sin relación pero fundidas en la forja de Lee.

Para completar este tejido estético, el poeta agrega al final del poema una realidad de implicaciones sociales arraigadas en el vidrio de colores cubano, donde la alegría – una característica típica de los cubanos – cierra la pieza. En "Apoteosis" – un poema que me envió – Lee recuerda lo que vio y que luego se convertiría en el poema, "El chico moviéndose por la calle con un corazón en la mano es una imagen basada en un chico que él vio aquel día llevando alegre su compra, que era claramente un corazón..."

Un comentario que John B. Lee me hizo en un correo electrónico dice, "Estoy agradecido por haber tenido la oportunidad de escribir los poemas que visitan mi escritorio y fluyen a través de mi pluma. Soy simplemente un vehículo, y agradezco cuando las musas me visitan". Al leer "Así que este es el sitio de sitios", dedicado a Manuel Velázquez y Richard Grove (Tai), dos de sus más queridos amigos, allí a su lado, se notará a las musas revoloteando, se verá al vehículo humano traer palabras que manan desde su pluma y se detienen para deleitarnos, como siempre. Es este un poema de poemas que espero disfruten.

Conclusions

John B. Lee's brilliance lies in his original, indelible, sweeping signature, his "architectural" approach to language and reality. His aesthetic-cognitive proposal is highly laudable. His writing gift has made him a recipient of as many awards as is humanly possible. He has tirelessly created piece after piece in his long, prolific career. He has written about nearly everything with unique perspective and grace. He has memorialized his travelling experiences in books about his own and other countries. As well, Lee's contribution and adherence to the long-standing tradition of celebrating nature – awesome, edifying, unavoidably present, whether we see it or not, whether we want to see it or not – is uplifting.

Lee celebrates life and turns his language and his style into forging tools leaving us with such poems. No better insight into Lee than "... a true idiosyncrasy of style is the result of an author's success in compelling language to conform to his... experience." *(taken from In a Fragile Moment: A Landscape of Canadian Poetry. Hidden Brook Press, 2020).*

For someone who would "... far rather be referred to as someone who writes poetry than be called a poet" *(taken from John B. Lee's book This is How We See the World, Hidden Brook Press, 2017. His introductory words)*, Lee has an irresistibly mysterious way with words and images few ever acquire, much less develop in a lifetime. Bernice Lever says Lee is a "master craftsman... (his) ... lines flow smoothly from one fresh new metaphor to the next." *(taken from back-cover comments on This is How We See the World, Hidden Brook Press, 2017).*

No better way to close this study of Lee than by quoting George Whipple. He states that Lee "... sows everyday experiences with a timeless gravity and awe." And, he calls John B. Lee "The greatest living poet in English." *(both quotations on John B. Lee's back cover of This is How We See the World, Hidden Brook Press, 2017).* Halleluiah.

I wrote a poem to John for his penmanship and for how much he inspires so many of us. In reading the poem, please remember to pause and keep in mind you will notice right away the abyssal divide between those you just read and mine! The sole purpose of my poem is to show my grateful awareness of Lee's transcendental influence.

Realm

To my friend John B. Lee, for your stunning poetry
... the light the poem shadows from. John B. Lee
... unknown ecstasies of life. John B. Lee
... reside within the incredible dominion of your flesh. John B. Lee

To ponder where a poem's waterfall is born,
a gentle stream gliding along the steepest slope
a torrent spurting down its voice
to bathe life's rapids, limn the visible or
by grace of wizardry behold
the indiscernible, bear witness to earthly beauty
as it becomes a poet's heavenly motif:
a nude woman's skin
ablaze, goose bumps mapping frontiers
accessed, captured,
left behind aiming for terra incognita,
ecstasy one further thrust away
to reach the altar of nirvana that awaits
after the loss of breath
after the blinding light of culmination,
interlocked gasps rewarded with
entry to the realm of being.

Conclusiones

La brillantez de John B. Lee reside en su firma original, indeleble, arrasadora, su enfoque "arquitectónico" a la lengua y a la realidad. Su propuesta estético-cognitiva es altamente elogiable. Su don de escritor le ha hecho merecedor de tantos premios como es humanamente posible. Ha creado poema tras poema infatigablemente en su larga, prolífica carrera. Ha escrito acerca de casi todo con una perspectiva y elegancia únicas. Ha rememorado sus experiencias de viajes en libros sobre su país y otros países. Además, el aporte de Lee y su lealtad a la larga tradición de celebrar la naturaleza – impresionante, edificante, inevitablemente presente, la veamos o no, queramos verla o no – es inspirador.

Lee celebra la vida y vuelve el idioma y su estilo herramientas de forja que nos regalan tales poemas. No hay mejor entendimiento de Lee que "… una verdadera idiosincrasia de estilo es el resultado del éxito de un autor en lograr que el lenguaje se adapte a su… experiencia". (tomado de En un frágil momento: Paisaje de la poesía canadiense. Hidden Brook Press, 2020).

Para alguien que preferiría "… más bien que se refirieran a él como alguien que escribe poesía en vez de llamarle poeta" (tomado del libro de John B. Lee Así es como vemos el mundo, Hidden Brook Press, 2017. Sus palabras introductorias), Lee tiene un don irresistiblemente misterioso con las palabras y las imágenes que pocos alguna vez alcanzan en su vida. Bernice Lever dice que Lee es un "maestro en su oficio… (sus) … líneas fluyen suavemente de una nueva metáfora a otra". (tomado de los comentarios de la contraportada del libro Así es como vemos el mundo, Hidden Brook Press, 2017).

No hay mejor forma de concluir este estudio de Lee que citando a George Whipple. Dice que Lee "… cultiva experiencias cotidianas con una solemnidad y sobrecogimiento intemporales". Y, dice que John B. Lee es "El más grande poeta vivo en idioma inglés". (ambas citas tomadas de la contraportada del libro de John B. Lee Así es como vemos el mundo, Hidden Brook Press, 2017). Aleluya.

Escribí un poema a John por su excelencia y por cuánto inspira a muchos de nosotros. Al leer el poema, recuerden por favor detenerse y tener en cuenta que notarán enseguida del ¡espacio abismal entre los poemas que han leído aquí y el mío! El único propósito de mi poema es mostrar mi agradecida comprensión de la trascendental influencia de Lee.

Dominio

A mi amigo John B. Lee, por tu impresionante poesía
… la luz de la que fluye el poema. John B. Lee
… los desconocidos éxtasis de la vida. John B. Lee
… residir dentro del increíble dominio de tu carne. John B. Lee

Reflexionar sobre dónde nace la cascada de un poema,
un tierno arroyuelo descendiendo por la más inclinada ladera
un torrente despeñando su voz
para bañar los rápidos de la vida, dibujar lo visible o
por la gracia de la magia discernir
lo que no se puede ver, ser testigo de la belleza terrenal
en lo que se torna el tema divino de un poeta:
la piel desnuda de una mujer
en llamas, carne erizada mapeando fronteras
a las que ha accedido, conquistado,
dejado atrás en busca de tierra desconocida,
el éxtasis solo un arrebato más
para alcanzar el altar del nirvana que aguarda
luego de perder el aliento
luego de la cegadora luz del punto culminante,
jadeos entremezclados premiados con
la entrada al dominio del existir.

Bibliography / Bibliografía

– Acorn, Milton. (2012). *In a Springtime Instant*. Mosaic Press. Canada.

– Bell, Roger. (2017). *Foreword to John B. Lee's book This is How We See the World*, Hidden Brook Press. Canada.

– Galperin, I.K. (1981). *Stylistics*. Moscow Vyssaja Skola. USSR.

– Grove, Richard M. and Lee, John B. (2018). *Two Thousand Seventeen*. Sanbun Publishers. New Delhi. India.

– Lee, John B. (2009). *Even at the Worst of Times* in *And Left a Place to Stand On*, Hidden Brook Press. Canada.

– Lee, John B. and Elliott Clarke, George (2018). *These Are the Words*, Hidden Brook Press. Canada.

– Lee, John B. (2019). *Into a Land of Strangers* Mosaic Press. Canada.

– Lee, John B. (2017). *This is How We See the World*. Hidden Brook Press. Canada.

– Lee, John B. and Grove, Richard M. (2013). *In This We Hear The Light*. Hidden Brook Press. Canada.

– Lee, John B. (2019). *Into a Land of Strangers*. Mosaic Press. Canada.

– Olivé Iglesias, Miguel Ángel. (2020). *In a Fragile Moment. A Landscape of Canadian Poetry*. Hidden Brook Press. Canada.

– Olivé Iglesias, Miguel Ángel. *A Shower of Warm Light. Essays and Reviews on Canadian Poetry*. QuodSermo Publishing. Canada.

Purdy, Al. (2000). *Beyond Remembering. The Collected Poems of Al Purdy*. Harbour Publishing. Canada.

Appendix

As an accompaniment to my analyses, I include below brief, valid fragments (poetry included) from a paper presented in an international event about the teaching of English and Canadian studies. The work was written by Cuban professors, who give us another perspective on John B. Lee's contribution to literature.

CUBA AND CANADA: CHOSEN PLACES IN JOHN B. LEE'S WORK

PhD Adonay Bárbara Pérez Luengo
PhD Manuel de Jesús Velázquez León
MSc Alison González Cuba

Let us begin these lines with the informed words of poet Marilyn Gear Pilling who knows John's poetry intimately: Lee's poetry comes from the deepest well of the self, a place of rare depth and beauty fed by omnivorous reading and openhearted living. As well as writing the work he has formally researched and re-imagined, he pours his daily life into poetry every morning, creating a skein that contains the natural and the human worlds, the public as well as the private. Lee has said —in tones of wonder, for he experiences himself as simply a conduit through which an expression of grace becomes manifest— "I could sink the world in poems." Lee's poetry contains and fully engages heart and mind, body and soul. His is an eye that can look at a trucker and see an angel...

... According to M. G. Pilling, John was born to write and developed a lyric voice that sings like no other voice heard before in Canada. In her opinion, while his "melody soars and praises, the tenor line is often wistful, poignant, or gently melancholic; there is often a pervasive nostalgia for lost worlds." Recurrent themes in Lee's poetry are the very Canadian topics of family and rural life. John has immortalized his life in the farm where he was born with the vivid portrayal of landscapes and stories of his ancestors...

... Sometimes a natural voice triggers the poet's mind and there is a revelation of rural Canada unheard before but so vivid that the presence of the distant and past is actualized into the readers' present.

The Full Measure

There's the voice of the dog in the barn
you can measure his mood
in the mind
take his size
from the weight of his breath
seek his span in the volume of sound
find fear in the blood
of his moon
or loss in his lonesome lament
you can know
both by the girth of his ribs
and the fall of his thought
how his heart
might break over hay
or race like a hare on the lee...

... John B. Lee has traveled extensively, from the Caribbean to Europe to the Middle East to Korea to Africa to the Artic, and more. From all corners of the world he has brought poems. With a keen eye for cultural jewels, he has seen the entrails of "the others" with love and compassion, linking their fortunes and tragedies with those close to him at home, in Canada. Thus, in many of his poems love for his ancestors and his land connects with love for timeless generations in the space-time of our misshaped global village, where national boundaries pretend to be oceans, rivers, roads and newly built walls. Perhaps never is John B. Lee more a laureate Canadian poet than when his loving pain for those who suffer transcends geographies and cultures; perhaps he is a better son of the best of Canada when he brings the distant and the different into the broad heart of his poetry...

No More Need for This Old Man

There is a photograph
of a Christmas long ago
when I stood grinning
beside the guest bed
in our farmhouse
in pajamas…
… Since then
my uncle died.
Since then my father's sister
breathes no more
as sorrow by sorrow
we might name them sadly
under stone.
And yesterday I heard a story
how outside a distant village
a soldier
told a refugee
who walked a weeping road
in a river of human woe
with his ailing father in his arms
"you have no more need
of this old man"…
… I need everyone, I want them all back
those dying uncles
those perishing aunts
those cancerous cousins
that baby sister
those generations of ash and dust…

Anexo

Como acompañamiento de mis análisis, incluyo debajo fragmentos (poesía incluida) breves, válidos de una ponencia presentada en un evento internacional sobre la enseñanza del inglés y estudios sobre Canadá. El trabajo lo escribieron profesores cubanos, quienes nos dan otra perspectiva de la contribución de John B. Lee a la literatura.

CUBA Y CANADÁ: LUGARES ESCOGIDOS EN LA OBRA DE JOHN B. LEE

DrC Adonay Bárbara Pérez Luengo
DrC Manuel de Jesús Velázquez León
MSc Alison González Cuba

Comencemos con las calificadas palabras de la poeta Marilyn Gear Pilling quien conoce la poesía de John de manera íntima. La poesía de Lee viene del pozo más hondo del ser, un lugar de belleza y profundidad únicas nutridas por un omnívoro hábito de lectura y un vivir a plenitud. Además de escribir el trabajo ha investigado formalmente y re-imaginado, vierte su vida diaria en la poesía cada mañana, creando una madeja que contiene los mundos natural y humano, el público así como el privado. Lee ha dicho —en tonos de asombro, pues se ve a sí mismo como un simple conducto a través del cual una expresión de gracia se manifiesta— "Podría hundir al mundo con poemas". La poesía de Lee contiene y absorbe totalmente corazón y mente, cuerpo y alma. El suyo es un ojo que puede mirar a un camionero y ver un ángel...

... Según M. G. Pilling, John nació para escribir y desarrolló una voz lírica que canta como ninguna otra voz antes escuchada en Canadá. En su opinión, mientras su "melodía se levanta y alaba, la línea tenor es con frecuencia pensativa, conmovedora, o gentilmente melancólica; hay a menudo una nostalgia penetrante por mundos perdidos". Temas recurrentes en la poesía de Lee son los mismos temas de familia y la vida rural. John ha inmortalizado su vida en la granja en que nació con el realista retrato de paisajes e historias de sus ancestros...

... A veces una voz natural desencadena la mente del poeta y hay una revelación del Canadá rural nunca antes escuchada pero tan vívida que la presencia de lo distante y pasado se actualiza en el presente de los lectores.

La medida total

Está la voz del perro en el granero
puedes medir su estado de ánimo
en la mente
saber su tamaño
por el peso de su aliento
buscar su extensión en el volumen del sonido
encontrar miedo en la sangre
de su luna
o la pérdida en su lamento solitario
puedes saber
tanto el contorno de sus costillas
y la caída de su pensamiento
como su corazón
podría resquebrajarse sobre el heno
o correr como una liebre a sotavento...

... John B. Lee ha viajado extensamente, desde del Caribe a Europa al Medio Oriente a Corea a África al Ártico, y más. Ha traído poemas de todos los rincones del mundo. Con un agudo ojo para joyas culturales, ha visto las entrañas de "los otros" con amor y compasión, vinculando sus fortunas y tragedias con aquellos cercanos a él en casa, en Canadá. Por ello, en muchos de sus poemas el amor por sus ancestros y su tierra se conecta con el amor por generaciones atemporales en el espacio-tiempo de nuestra deformada villa global, donde las fronteras nacionales pretenden ser los océanos, los ríos, los caminos y muros recién levantados. Tal vez nunca es John B. Lee más poeta laureado canadiense que cuando su dolor amoroso por aquellos que sufren trasciende geografías y culturas; tal vez es un mejor hijo de lo mejor de Canadá cuando trae lo distante y lo diferente al ancho corazón de su poesía...

No más necesidad de este hombre viejo

Hay una fotografía
de una Navidad hace tiempo
donde yo estaba de pie sonriendo
al lado de la cama del huésped
en nuestra casa de la granja
en pijamas...
... Desde entonces
mi tío murió.
Desde entonces la hermana de mi padre
ya no respira
como dolor a dolor
podríamos nombrarlos tristemente
bajo la lápida.
Y ayer escuché una historia
de cómo fuera en una aldea lejana
un soldado
le dijo a un refugiado
que andaba por un camino inseguro
en un río de desgracias humanas
"ya no necesitas más
de este hombre viejo"...
... Yo los necesito a todos, los quiero a todos de regreso
esos moribundos tíos
esas tías que expiran
esos cancerosos primos
esa hermana pequeña
esas generaciones de ceniza y polvo...

About John B. Lee
(Ontario, Canada, 1951)

In 2005 John B. Lee was inducted as Poet Laureate of Brantford in perpetuity. The same year he received the distinction of being named Honourary Life Member of The Canadian Poetry Association and The Ontario Poetry Society. In 2007 he was made a member of the Chancellor's Circle of the President's Club of McMaster University and named first recipient of the Souwesto Award for his contribution to literature in his home region of southwestern Ontario, and was named winner of the inaugural Black Moss Press Souwesto Award for his contribution to the ethos of writing in Southwestern Ontario.

In 2011 he was appointed Poet Laureate of Norfolk County (2011-14) and in 2015 Honourary Poet Laureate of Norfolk County for life. A recipient of over eighty prestigious international awards for his writing, he is winner of the CBC Literary Award for Poetry, the only two time recipient of the People's Poetry Award, and 2006 winner of the inaugural Souwesto Orison Writing Award (University of Windsor).

In 2007 he was named winner of the Winston Collins Award for Best Canadian Poem, an award he won again in 2012. In 2016 he won Honourable Mention in the Cranberry Tree Press Chapbook Award and the Golden Grassroots Press Award, Honourable Mention in the Drummond Poetry Award, First Place in the Scugog Poetry Award, First Place in the Hour Glass Poetry Award, First Place in the Literary Encyclopedia Award, and Honourable Mention in the Peace Poetry Award.

He has well-over seventy books published to date and is the editor of seven anthologies including two best-selling works: That Sign of Perfection: poems and stories on the game of hockey; and Smaller Than God: words of spiritual longing. He co-edited a special issue of Windsor Review—Alice Munro: A Souwesto Celebration published in the fall of 2014.

His work has appeared internationally in over 500 publications, and has been translated into French, Spanish,

Korean and Chinese. He has read his work in nations all over the world including South Africa, France, Korea, Cuba, Canada and the United States. He has received letters of praise from Nelson Mandela, Desmond Tutu, Australian poet Les Murray, and Senator Romeo Dallaire. Called "the greatest living poet in English" by poet

George Whipple, he lives in Port Dover, Ontario, where he works as a full time author.

Sobre John B. Lee
(Ontario, Canadá, 1951)

En 2005 John B. Lee fue distinguido como Poeta Laureado de Brantford a perpetuidad. El mismo año recibió la distinción como Miembro Honorario de por vida de la Asociación Canadiense de Poesía y la Sociedad de Poesía de Ontario. En 2007 lo hicieron miembro del Chancellor´s Circle del President´s Club en la Universidad de McMaster y fue el primero en recibir el Premio Souwesto por su contribución a la literatura en su zona natal del sureste de Ontario, y fue elegido ganador del Premio Souwesto inaugural de la Black Moss Press for su aporte al espíritu de la escritura en el sureste de Ontario.

En 2011 fue nombrado Poeta Laureado del Condado de Norfolk (2011-2014) y en 2015 Poeta Laureado Honorario del Condado de Norfolk de por vida. He recibido más de ochenta prestigiosos premios internacionales por su obra y es el ganador del Premio Literario de Poesía CBC, el único ganador en dos ocasiones del Premio Poesía del Pueblo, y ganador en 2006 del Premio de Escritura inaugural Souwesto Orison (Universidad de Windsor).

En 2007 fue nombrado ganador del Premio Winston Collins por el Mejor Poema Canadiense, premio que ganó nuevamente en 2012. En 2016 obtuvo Mención Honoraria en el Premio Cranberry Tree Press Chapbook y el Premio Golden Grassroots Press, Mención Honoraria en el Premio de Poesía Drummond,

Primer Lugar en el Premio de Poesía Scugog, Primer Lugar en el Premio de Poesía Hour Glass, Primer Lugar en el Premio Enciclopedia Literaria, y Mención Honoraria en Premio de Poesía por la Paz.

Tiene más de setenta libros publicados hasta ahora y es el editor de siete antologías incluidos dos bestsellers: That Sign of Perfection: poems and stories on the game of hockey; y Smaller Than God: words of spiritual longing. Coeditó una edición especial de Windsor Review–Alice Munro: A Sowesto Celebration publicada en el otoño de 2014.

Su obra ha aparecido internacionalmente en más de 500 publicaciones, y ha sido traducida al francés, español, coreano y chino. Ha leído su obra en naciones de todo el mundo incluidas Sudáfrica, Francia, Corea, Cuba, Canadá y los Estados Unidos. Ha recibido cartas de reconocimiento de Nelson Mandela, Desmond Tutu, el poeta australiano Les Murray, y el Senador Romeo Dallaire. Considerado "el más grande poeta vivo en idioma inglés" por el poeta George Whipple, vive en Port Dover, Ontario, donde trabaja como autor a tiempo completo.

About Miguel Ángel Olivé Iglesias

Miguel Ángel Olivé Iglesias is member, The Ambassador Editor-in-Chief and President in Cuba of the Canada Cuba Literary Alliance (CCLA). He does translation, proofreading, reviewing and revision for the CCLA, along with compilation and anthologizing, plus translation work for Canadian poets. He is a member of the Mexican Association of Language and Literature Professors, VP of the William Shakespeare Studies Center and member of the Canadian Studies Department of the Holguín University in Cuba.

Born in 1965 in Bayamo, Cuba, he travelled to Holguín City in 1977 for his Junior, Senior High and College studies. Today he is an Associate Professor at the University of Holguín, with a Bachelor's Degree in Education, Major in English, and a Master's Degree in Pedagogical Sciences. He has been teaching for over thirty years and writing reviews, poems and stories in Spanish and in English.

Miguel has written and published numerous academic papers in Cuba, Mexico, Spain and Canada. So far he has published more than a hundred poems, four short stories and over thirty-five critical reviews of poetry books and novels in different issues: The Ambassador, official flagship of the CCLA; The Envoy, official newsletter of the CCLA; The Bridges Series Books, published by Hidden Brook Press and SandCrab Books; Adelaide Group in New York-Lisbon, and other anthologies by Hidden Brook Press and SandCrab Books, as well as two review books, In a Fragile Moment: A Landscape of Canadian Poetry (Hidden Brook Press, 2020), A Shower of Warm Light: Reviews and Essays on Canadian Poetry. (2021) (QuodSermo Publishing) (he is currently preparing a third review book) and three poetry books (bilingual): Bridges Series IV: Where the Heart Lies (with three other poets), Forge of Words (Hidden Brook Press, 2019), This Pulse of Life, These Words I Found. Wet Ink Books, Canada. 2022.

His themes touch mostly upon women, people, life, family, love, nature, and human values. The editor is currently involved in many CCLA projects. SandCrab books published the e-book he edited, These Voices Beating in our Hearts: Poems from the Valley (English-Spanish), where his poems and haiku appear together with other ten Holguín poets.

He works in the Teacher Education English Department as a professor of English, English Stylistics and grad courses. He is also Head of the English Language Discipline. He uses his academic papers, essays, stories and poems in class for reading, debating and practicing the language, adding a didactic and formative element to his scientific and literary production. He also does poetry reading in co-curricular on-campus and community activities.

Sobre Miguel Ángel Olivé Iglesias

Miguel Ángel Olivé Iglesias es miembro, Jefe editor de The Ambassador y Presidente en Cuba de la Alianza Literaria Canadá Cuba (ALCC). Traduce, realiza correcciones, reseñas y revisiones para la ALCC, además de compilación y preparación de antologías, y traducciones para poetas canadienses. Es miembro de la Asociación de Profesores de Lengua y Literatura de Méjico, Vicepresidente del Centro de Estudios William Shakespeare y miembro del Departamento de Estudios Canadienses de la Universidad de Holguín, Cuba.

Nació en Bayamo, Cuba, en 1965, luego viajó a la Ciudad de Holguín en 1977 para sus estudios medios y superiores. Hoy es Profesor Auxiliar de la Universidad de Holguín, Licenciado en Educación, Especialidad de Inglés, y Máster en Ciencias Pedagógicas. Ha impartido docencia por más de treinta años y escrito críticas, poemas e historias en español e inglés.

Miguel ha escrito y publicado numerosos artículos académicos en Cuba, Méjico, España y Canadá. Hasta el momento ha publicado más de cien poemas, cuatro cuentos cortos y más de sesenta reseñas literarias de libros de poesía y novelas en variadas publicaciones: The Ambassador, revista insignia oficial de la ALCC; The Envoy, boletín oficial de la ALCC; los libros de la Serie Puentes, publicado por Hidden Brook Press y SandCrab Books; el Adelaide Group en Nueva York-Lisboa, y otras antologías de la Hidden Brook Press y SandCrab Books, además de dos libros de ensayos, In a Fragile Moment: A Landscape of Canadian Poetry (Hidden Brook Press, 2020) y A Shower of Warm Light: Reviews and Essays on Canadian Poetry. (2021) (QuodSermo Publishing) (en estos momentos prepara un tercer libro), y tres libros de poesía (bilingües): Bridges Series IV: Where the Heart Lies (con otros tres poetas), Fragua de palabras (Hidden Brook Press, 2019), This Pulse of Life, These Words I Found. Wet Ink Books, Canada. 2022.

Sus temas se acercan a la mujer, la gente, la vida, la familia, el amor, la naturaleza, y los valores humanos. Actualmente el editor se dedica a muchos proyectos de la ALCC. SandCrab Books publicó el libro electrónico Estas voces latiendo en nuestros corazones: Poemas desde el valle (Inglés-Español), donde sus poemas y haikus se publican junto a otros diez poetas holguíneros.

Trabaja en el Departamento de Educación Lengua Inglesa como Profesor de inglés, Estilística inglesa y cursos de postgrado. Es Profesor Principal de la Disciplina Lengua In

glesa. Utiliza sus artículos académicos, ensayos, historias y poemas en clases para la lectura, el debate y la práctica del idioma, adicionando un aspecto didáctico y formativo a su producción científica y literaria. Realiza además lectura de poesía en actividades universitarias extracurriculares en su universidad y en la comunidad.

Translation work by Miguel Ángel Olivé Iglesias

He has done literary translation since 2013 (English-Spanish/Spanish-English) poems, stories, reviews and books.

1. The book of poems and stories, bilingual, *Jorge y el mar / Jorge and the Sea*. Hidden Brook Press, 2013. ISBN 978-1-927725-05-4, by 1 Gibara poet, Jorge Pérez.

2. The magazine *The Ambassador* (from Volume 15 to 17).

3. The newsletter *The Envoy* (from number 85 to 125).

4. The Bridges Series books of poetry and other CCLA publications, including the books of the Bridges Series with Cuban and Canadian poets (number IV, *Where the Heart Lies / Donde late el corazón* (SandCrab Books - ISBN 978-1-927725-62-7), plus V, where he worked as editor, translator and reviewer, *The Heart Upon the Sleeve / Emociones al descubierto*. Hidden Brook Press, 2021. ISBN 978-1-989786-12-3, Paper Back, and ISBN 978-1-989786-13-0 for E-book) (see also Bridges VI below, number 11 on the list).

5. He also edited, reviewed and translated the poetry book *Flying on the Wings of Poetry / Volando en las Alas de la Poesía* with 4 Canadian poets. Hidden Brook Press, 2020 - ISBN 9781989786208 (Softcover) | ISBN 9781989786215 (E-book).

6. He compiled, edited, reviewed and translated an illustrated story in 2020 for Hidden Brook Press: *The Story of a Little Heron (Misula, la historia de una garcita)* by Gibara poet and story writer Adislenis Castro Ruiz. ISBN 978-1-989786-01-7.

7. In 2021 he edited, reviewed and translated for SandCrab Books (2021) *En mi Silencio Nocturno / In my Night Silence*, poems by Jorge Alberto Pérez Hernández, ISBN 978-1-989-786-38-3.

8. In 2021 he edited, reviewed and translated *Historias al Viento. Cuentos de Adislenis Castro y Marianela Rabell / Stories on the Wind. Tales by Adislenis Castro and Marianela Rabell* (stories), ISBN 978-1-989786-50-57 (E-Book). SandCrab Books.

9. In 2022-2023, he compiled, edited, reviewed and translated the poetry book *Falling Leaves / El caer de las hojas*, by Gibara poet Ernesto Galbán. ISBN 978-1-989786-95-6. SandCrab Books.

10. In 2023, he translated *A Bumper Crop 1 / La gran cosecha 1* and *A Bumper Crop 2 / La gran cosecha 2* (1 book in 2 volumes), by Don Gutteridge. Wet Ink Books, 2023 - ISBN 9781989786963 (softcover).

11. In 2023-2024, he was editor and translator of the poetry book for the Bridges Series, Volume VI, *Memory Pond / Remanso de evocaciones*, for SandCrab Books. He also wrote a review-intro for the book and included two essays he wrote about the two Canadian poets in it.

12. In 2024, he is editor, translator, proofreader, author-coauthor of poetry and essay writer of *Como olas que se mueven en la mar / Like sea waves rolling* in Spanish-English (poetry, art), by Holguín authors (SandCrab Books).

13. In 2023-2024, he wrote and translated *My Twenty Favourite John B. Lee Poems. An Annotated Selection / Mis veinte poemas favoritos de John B. Lee. Una selección comentada* (Wet Ink Books, 2024).

14. In 2023-2024, he wrote and translated *A Grove of Poetry. / Una Huerta de Poemas:* (Wet Ink Books, 2024).

Traducciones de Miguel Ángel Olivé Iglesias

Ha traducido desde 2013 (inglés-español/español-inglés) poemas, cuentos, reseñas y libros en:

1. El libro de poemas y cuentos, bilingüe, *Jorge y el mar / Jorge and the Sea*. Hidden Brook Press, 2013. ISBN 978-1-927725-05-4, de 1 poeta gibareño, Jorge Pérez.

2. La revista *The Ambassador* (desde el Volumen 15 hasta el 17).

3. El boletín *The Envoy* (desde el número 85 hasta el 125).

4. La Serie Puentes de libros de poesía y otras publicaciones de la ALCC, incluidos los libros de la Serie Puentes con poetas cubanos y canadienses (el IV, *Where the Heart Lies / Donde late el corazón* (SandCrab Books - ISBN 978-1-927725-62-7), más el V, del cual fue editor, traductor y reseñador, *The Heart Upon the Sleeve / Emociones al descubierto*. Hidden Brook Press, 2021. ISBN 978-1-989786-12-3, Paper Back e ISBN 978-1-989786-13-0 para el E-book) (ver también Puentes VI debajo, número 11 en la lista).

5. También editó, reseñó y tradujo el libro de poesía *Flying on the Wings of Poetry / Volando en las Alas de la Poesía* con 4 poetas canadienses. Hidden Brook Press, 2020 - ISBN 9781989786208 (Softcover) | ISBN 9781989786215 (E-book).

6. Compiló, editó, reseñó y tradujo una historia ilustrada en 2020 para la Hidden Brook Press: *The Story of a Little Heron (Misula, la historia de una garcita)* por la poeta y escritora de cuentos gibareña Adislenis Castro Ruiz. ISBN 978-1-989786-01-7.

7. En 2021 editó, reseñó y tradujo para la SandCrab Books (2021) *En mi Silencio Nocturno / In my Night Silence,* poemas de Jorge Alberto Pérez Hernández, ISBN 978-1-989-786-38-3.

8. En 2021 editó, reseñó y tradujo *Historias al Viento. Cuentos de Adislenis Castro y Marianela Rabell / Stories on the Wind. Tales by Adislenis Castro and Marianela Rabell* (historias), ISBN 978-1-989786-50-57 (E-Book). SandCrab Books.

9. En 2022-2023, compiló, editó, reseñó y tradujo el libro de poesía *Falling Leaves / El caer de las hojas*, del poeta gibareño Ernesto Galbán. ISBN 978-1-989786-95-6. SandCrab Books.

10. En 2023, tradujo *A Bumper Crop* 1 / *La gran cosecha* 1 y *A Bumper Crop* 2 / *La gran cosecha* 2 (1 libro en 2 volúmenes), de Don Gutteridge. Wet Ink Books, 2023 - ISBN 9781989786963 (softcover).

11. En 2023-2024, trabajó en la edición y traducción del libro de poesía de la Serie Puentes, Volumen VI, *Memory Pond / Remanso de evocaciones*, para la SandCrab Books. Además, escribió una reseña-introducción para el libro, e incluyó 2 ensayos propios como anexos sobre los dos poetas canadienses en el libro.

12. En 2024, trabaja como editor, traductor, revisor, autor-coautor de poesía y ensayista en *Como olas que se mueven en la mar / Like sea waves rolling*, español-inglés (poesía, arte), de autores holguíneros (SandCrab Books).

13. En 2023-2024, escribió y tradujo *My Twenty Favourite John B. Lee Poems. An Annotated Selection / Mis veinte poemas favoritos de John B. Lee. Una selección comentada* (Wet Ink Books, 2024).

14. En 2023-2024 escribió y tradujo A Grove of Poetry... (Wet Ink Books, 2024).